高校学生评价改革理论探索与创新实践

——基于西南大学学生评价改革个案研究

葛信勇　张代平　赵　倩　◎主编

西南大学教育评价改革研究中心
重庆市教育评价改革高等教育研究中心 ｜组织编写

西南大学出版社
BWUP　国家一级出版社　全国百佳图书出版单位

图书在版编目（CIP）数据

高校学生评价改革理论探索与创新实践：基于西南
大学学生评价改革个案研究 / 葛信勇, 张代平, 赵倩主
编. -- 重庆：西南大学出版社, 2025.3. -- ISBN 978-
7-5697-3039-5

Ⅰ. G642

中国国家版本馆 CIP 数据核字第 2025YY8940 号

高校学生评价改革理论探索与创新实践
——基于西南大学学生评价改革个案研究
GAOXIAO XUESHENG PINGJIA GAIGE LILUN TANSUO YU CHUANGXIN SHIJIAN
——JIYU XINAN DAXUE XUESHENG PINGJIA GAIGE GE'AN YANJIU

葛信勇　张代平　赵　倩　主编

责任编辑：曹园妹
责任校对：徐庆兰
装帧设计：魏显锋
排　　版：夏　洁
出版发行：西南大学出版社（原西南师范大学出版社）
　　　　　地址：重庆市北碚区天生路 2 号
　　　　　邮编：400715
　　　　　市场营销部电话：023-68868624
印　　刷：重庆市正前方彩色印刷有限公司
成品尺寸：170 mm×240 mm
印　　张：15.5
字　　数：240 千字
版　　次：2025 年 3 月　第 1 版
印　　次：2025 年 3 月　第 1 次印刷
书　　号：ISBN 978-7-5697-3039-5
定　　价：58.00 元

前言

当前,我国已建成世界上规模最大的教育体系,教育强国建设进入蓄势突破、全面跃升的关键阶段,要持续强化高等教育的龙头作用,坚定不移把高质量发展作为生命线。而学生评价是有效落实教育目标、促进教育提质增效的重要抓手,也是推动高等教育高质量发展的关键因素。2020年10月,中共中央、国务院印发《深化新时代教育评价改革总体方案》,对深化教育评价改革作出整体部署,对变革学生评价提出具体要求。2024年9月,习近平总书记在全国教育大会上强调,要"紧紧围绕立德树人根本任务,朝着建成教育强国战略目标扎实迈进",赋予学生评价新的时代内涵。高校学生评价改革作为教育评价体系重构的基础性工程与关键性枢纽,对检验高校办学水平、优化教育资源配置、推动高等教育高质量内涵式发展具有不可替代的战略地位和现实意义。伴随着高等教育的内涵式发展、学生提升自我的深度广度上的需求以及现代信息技术迅猛发展并广泛渗透,高校学生评价的维度、结构、方法等均已发生显著变化。高校要创新性地推进新时代学生评价改革工作,突破传统学生评价思维定式。

西南大学作为教育部教育评价改革试点高校及教育部教育评价改革研究基地共建单位,同步推进教育评价改革实践探索及理论探究,在高校学生评价改革方面积累了一定的实践经验,取得了阶段性改革成效。本书旨在探讨高校学生评价的理论内涵、方法创新和操作路径,分享西南大学实践经验,为广大教育工作者提供参考借鉴,共同推动我国高校学生评价工作迈上新台阶。

本书以西南大学学生评价改革实践为基础,坚持理论研究和实践研究相结合,内容既包括高校学生评价改革的时代价值、改革路向等理论问题,也涉及高校学生评价体系构建与组织实施等管理问题,并基于学生德育、智育、体育、美育、劳动教育评价以及数字化赋能学生立体综合评价改革方面的理论和实践进行了系统总结。

本书是集体合作的成果,葛信勇、张代平、赵倩负责统筹规划学生评价的改革理论探索与创新实践应用,并担任本书的主编,拟定研究的基本框架和内容体系,组织书稿的讨论、修改、统稿与定稿。各章具体写作分工如下:第一章由邓磊、杜彬恒、胡钦瑞负责,第二章由杨璐、杨秋燕负责,第三章由罗军、吴姝、吴东倩、邓媛、高荣蓉负责,第四章由杨丹、陶丽、刘晓燕、唐彪负责,第五章由刘斌、李进、谭楚怡、马鹏伟、雷子伦负责,第六章由李思源、罗欢负责,第七章由石定芳负责,第八章由钟剑、谢涛负责,第九章由魏薇、艾芝兰、陈清晓负责。在书稿的撰写和出版过程中,西南大学有关部门和单位的领导与专家提出了宝贵的意见与建议,西南大学出版社为书稿的出版付出了辛勤劳动,在此一并表示感谢!

葛信勇

2024 年 12 月 12 日

目 录

目录

第一章

高校学生评价改革的时代价值

　　2020年，中共中央、国务院印发《深化新时代教育评价改革总体方案》，指出要扭转不科学的评价导向，坚决破除"五唯"，提高教育治理能力和水平，为进一步发挥教育评价在教育发展事业中的指挥棒作用指明了方向。《深化新时代教育评价改革总体方案》明确了教育评价涉及的五类主体，即党委和政府、学校、教师、学生和社会①。由此可见，学生评价是教育评价领域中最基本的一个领域，是教育评价体系中的重要内容。随着世界百年未有之大变局加速演进，新一轮科技革命和产业变革深入发展，大国之间的科技、文化竞争愈发激烈，大学作为知识渊薮和人才摇篮正在发挥前所未有的关键作用。与此同时，我国高等教育毛入学率逐年提升，2023年已超过60%，进入世界公认的高等教育普及化阶段。基于不断扩大的高等教育规模，对高校学生进行科学正确的评价和引导不仅影响着高等教育事业的根基，更事关国家发展和民族未来。

---

① 刘苹苹,陈佳妮.高等教育评价中学生的价值诉求与价值兑现[J].上海教育评估研究,2021,10(6): 1-5.

一、高校学生评价的基本内涵

习近平总书记在2024年全国教育大会上强调:"紧紧围绕立德树人根本任务,朝着建成教育强国战略目标扎实迈进",赋予学生评价新的时代内涵。建设教育强国,龙头是高等教育。高等教育是科技第一生产力、人才第一资源、创新第一动力的集中交汇点[①],教育、科技、人才"三位一体"发展强调了构建高质量教育体系和完善教育评价体系的紧迫性。要深刻认识高等教育肩负的特殊使命,坚定不移把高质量发展作为生命线。而学生评价是有效落实教育目标、促进教育提质增效的重要抓手,也是推动高等教育高质量发展的关键因素。尤其是在当今数智化时代,信息技术在高等教育领域广泛应用,加快推进高校学生评价改革不仅是教育发展的内在需求,也是社会进步的必然选择。

(一)高校学生评价的价值追求

价值是衡量一个事物成功与否的重要标准,只有当我们看到事物背后的价值时,才会发现其深层意义。根据《高等教育哲学》中的基本论述,大学的智慧溪流源于"闲逸的好奇"。探索未知是人类的天性,追求高深学问是对未知之事或好奇之物进行"精确的知识验证"[②]。探究精神与学术化生存,实乃大学之根本[③]。学生身为高校的主体之一,是高等教育乃至整个社会的主要建设者。如何发挥学生的主观能动性,引导和帮助其形成善于学习、乐于探究、勇于创新的品质,是高校学生评价的基本价值追求。具体而言,又可以从本体论、认识论和方法论三个视角来理解。

从本体论的视角来看,高校学生评价的价值在于正本清源、引导发展。本体论是探讨本质和原理的学问,始终围绕"是什么"这个问题,关注

① 赵长禄.坚持系统观念 突出内涵质量 为强国建设培养一流人才[N].光明日报,2024-05-14(15).
② 布鲁贝克.高等教育哲学[M].郑继伟,等选译.3版.杭州:浙江教育出版社,2002:13-14.
③ 邓磊,邓鸿峰.失色与重绘:大学学术评价市场化的逻辑审思与理性复归[J].大学教育科学,2023(2):41-50.

的是存在的基本类型和属性。以此为逻辑,在现代人本主义理念下可以非常自然地得出"评价是教育(的一部分)"这个答案,高校学生评价的首要价值追求是强调"立德树人"的教育理念。"树什么人""立什么德""如何立德树人",是新时期落实立德树人根本任务的核心问题,其高度凝练和升华了"为谁培养人、培养什么人、怎样培养人"的教育根本问题,解决的是"现实的人"的需要,实现的是"现实的人"的全面发展问题[①]。"成才要以成人为先",在高校学生评价过程中,要注重以德为先,对学生的综合素质进行全面评价,不仅要对学生成绩、学分等表现性、结果性内容进行评价,更要对学生学习参与度、作业完成度、学习态度、进步情况等过程性、主观性内容进行评价,以培养其成为一个"完整"之人。高校学生评价改革应具备正确的教育价值观,坚持将"立德树人"的价值导向放在首位,牢牢把握"以人为本"的根本价值取向和方向性原则,把人的发展作为教育评价的终极价值旨趣。

从认识论的视角来看,高校学生评价的价值在于促进学生发展、提高教育质量、深化教育改革。认识论是关于认知的形成与发展的理论,从认知的角度看,评价本身也是一种认识活动,需要进行持之以恒的研究和创新。高校学生评价改革不仅是对技术和方法的更新,更是对理念和标准的深刻反思和全面重构,其最终目标是根据国家发展战略和社会人才需求,构建与时俱进、内外联动、全面立体的高校学生评价体系,为新时代高等教育事业注入活力与动力,促进高等教育高质量发展。通过高校学生评价可以聚焦学生成长与发展,评价结果的反馈可以促进学生形成自我认知,助力学生自我完善。与此同时,作为了解学生对教学内容、教学方法、教学效果等方面的看法和感受的重要途径,高校学生评价有助于教师根据学生的学习需求和反馈,调整教学策略,改进和创新教学方法,提高教学质量。此外,高校学生评价可以检验学生的整体培养情况,如学生在校学习、五育融合发展、实习实训、用人单位评价等情况,为学校制订或修订相关政策、开展体制机制改革等提供参考,推动高校教育事业不断发

[①] 王鉴,姜纪垒.中国共产党立德树人教育思想的百年历程与基本经验[J].教育研究,2021,42(7):16-26.

展,为国家和民族的未来培养更多优秀人才。

从方法论的视角来看,高校学生评价的价值在于对人才的培养与成长进行科学探索和深入实践。在新时代教育评价改革的背景下,高校学生评价也在不断进行变革。从目的来看,高校学生评价改革是实现学生价值引领和个体完善的教育过程,是在科学分析的基础上全面掌握学生的先天禀赋和学习进程,进而激励和引导其形成正确的自我认知和社会认同。从观念来看,高校学生评价改革强调的是以人为本的教育观念,改变评价中"见物不见人"的现象,实现"人文化育"的评价本质[①],强调关注学生的个体差异及个性特征,引导学生走向特色发展之路。从现实来看,高校学生评价改革蕴含了对现有教育评价体系问题的批判和超越,包括对功利主义和工具主义下的教育评价功能错位的批判,以及对应试化教育评价文化的改革,以此来铺设学生发展的多元通道和创新路径。一言以蔽之,高校学生评价改革旨在让教育突破单一僵化的传统模式,走向多元与创新。高校学生评价需要系统的思考和规划,全力构建符合时代特征、彰显中国特色、体现世界水平的评价体系。

(二)高校学生评价的社会功能

随着教育的重心从关注教师的"教"转向关注学生的"学",教育的可持续性体现在不仅要传授知识,更要教会学生掌握学习方法,以及毕业离开学校和教师指导后仍然能够持续自主学习[②]。教育的根本在于促进学生终身可持续发展[③]。因此,新时代高校学生评价越来越重视创造性与可持续性,评价应反映教育的长期效果,不仅包括学生在校期间的学业水平,还包括学生毕业后的价值观念、职场表现与社会贡献等方方面面。坚持为党育人、为国育才,全面提高人才自主培养质量。

第一,高校学生评价服务于国家教育强国建设的战略目标。党的二十大报告提出"加快建设教育强国",明确到2035年"建成教育强国"的战

---

① 金柏燕,蒋一之.人学视野下教育评价改革的新取向[J].现代大学教育,2020(2):32-38.
② 李超.高校学生评价变革进展述评[J].外国教育研究,2018,45(7):105-117.
③ 孔凡哲.基于可持续发展的学生评价的具体内容与实践案例[J].小学教学(数学版),2014(6):6-8.

略目标。2023年5月,习近平总书记在中共中央政治局第五次集体学习时强调,"从教育大国到教育强国是一个系统性跃升和质变,必须以改革创新为动力"①。教育评价改革是实现我国教育强国目标的关键,其逻辑起点与价值归旨都指向人的发展,其根本目的在于培养担当民族复兴大任的时代新人、培养德智体美劳全面发展的社会主义建设者和接班人,这与建设教育强国的价值特征完全契合②。高校学生评价作为高校教育评价的重要组成部分,是一个"五育并举"的全面过程,涵盖了对学生德智体美劳等各个方面的评价。高校学生评价通过完善学生评价标准,构建高质量学生评价体系,为培养社会所需的优秀人才提供有力支撑,为教育强国建设注入源源不断的动力。

第二,高校学生评价致力于满足经济社会发展的用人需求。当今世界,科技创新发展速度一日千里,社会发展转型趋势不可阻挡,对创新人才的需求和重视程度与日俱增。我国高等教育规模不断扩大,实现了从大众化到普及化的历史性跨越。但以往高等教育以外延式为主的发展方式重点完成了"量"的积累,"质"的提升未能及时跟上,而国家和经济社会发展对人才培养新诉求的"拐点"已经到来。伴随着全球范围内高等教育以及社会发展的迭代性变革,传统意义上仅凭一种或几种专业知识便可支持终身职业发展的模式日益成为不可能。因此,唯有在高等教育中构建广范围、宽口径的知识底座,方能最大限度地适应知识与技术的更新换代、适应知识民主化的趋势与进程。新时代的高等教育必须注重通识教育与专业教育的深度融合,注重思想政治教育与通识教育的深度融合,造就学生良好的素质和人格魅力③。高校学生作为即将步入社会的青年一代,完善对其的综合评价标准,将现代社会所需的人才素质要求融入其中,可以使其更有针对性地对接社会所需,学有所得、学有所用,打破"唯分数"论的僵局,脱离死记硬背,成为更适合经济发展和社会所需的社会型和通识型专业人才。

① 加快建设教育强国 为中华民族伟大复兴提供有力支撑[N].光明日报,2023-05-30(1).
② 朱德全.新时代教育评价改革的强国逻辑[J].湖南师范大学教育科学学报,2023,22(6):1-4.
③ 唐忠宝,陈逊.价值·内容·方法:中国特色一流本科教育学生评价体系构建[J].北京科技大学学报(社会科学版),2023,39(2):133-140.

第三,高校学生评价有利于优化高等教育发展的类型定位。《深化新时代教育评价改革总体方案》提出,推进高校分类评价,引导不同类型高校科学定位,办出特色和水平。《普通高等学校本科教育教学审核评估实施方案(2021—2025年)》提出,要"适应高等教育多样化发展需求,依据不同层次不同类型高校办学定位、培养目标、教育教学水平和质量保障体系建设情况,实施分类评价、精准评价,引导和激励高校各展所长、特色发展"。截至2024年6月,我国有各类高校3000余所,体量大、类型多、结构复杂,不能都用一把尺子去衡量、用一种方式去管理,更不能用同一种模式去办学。因此,推进高校分类管理、分类评价,既是客观形势发展的现实需要,也是推进具有各高校特色高质量内涵式发展的必然要求。人才培养是高校的核心功能,要引导各类高校明确方向、找准定位,着力培养拔尖创新人才、高水平应用型人才、高素质技能型人才,就要深化高校学生评价,围绕评价理念、标准、体系、指标、方法等开展理论探索和实践,以此推动高等教育评价体系的不断发展和完善。

(三)高校学生评价的基本特征

高等教育阶段的学生评价相较于初等和中等教育阶段有着显著不同,学生在心理和生理层面相比初中和高中时期都更为成熟,展现出了国家对高校学生评价高度关注、评价制度创新需求愈发强烈、注重学生的中心地位和全面发展、评价主体日趋多元、数智化信息技术广泛应用等突出特点。

第一,国家对高校学生评价高度关注。教育乃立国之本、强国之基。高等教育作为教育的最高阶段更是重中之重。作为高等教育评价改革的重要内容,近年来,国家在促进高校学生评价改革方面发挥了巨大的作用,出台了一系列与学生评价相关的政策措施,提出了明确具体的指导意见。如2018年教育部等三部委联合印发的《关于高等学校加快"双一流"建设的指导意见》中指出,要"改革学习评价制度,激励学生自主学习、奋发学习、全面发展";2020年中共中央、国务院印发的《深化新时代教育评价改革总体方案》中指出,要"改革学生评价,促进德智体美劳全面发展",并对高等教育阶段开展学生评价工作提出了具体要求。由此可以看出,随着新时代教育评价改革向深远处迈进,构建中国特色的学生评价体系受到国家层面的高度重视,我国不断加强对高校学生评价落实情况的监督,政府有关部门对学生评价事宜进行严格审查、科学管理、认真复查,确保评价的权威性、有效性、准确性、客观性。与此同时,国家还提供大量经费,支持高校建立学生评价机构、设立学生评价改革项目等。

第二,评价制度创新需求愈发强烈。目前,多数高校学生评价虽已在制度理念和建设方向上相较之前有了很大的进步,但仍不同程度上存在着标准模糊、可度量性较差、可实现性较低、相关性弱化、时限性虚化等问题[①],评价制度创新需求愈发强烈。学生学业水平评价不再只考查其对书本知识死记硬背的掌握情况,而是更加注重综合素质考查,如实践能力、创新成果等,但这种评价方式仍以结果性评价为主,过程性评价和增值性评价方法的运用较少,未能实现对学生全面综合的评价。高校应积极创新评价制度,从制度层面保证评价的客观性和公正性。如构建立体化评价体系,破除"唯分数"的评价方式,转向对学生成长的全面关照;创新学生分类评价制度,对不同学科的学生进行分类评价,制定与学科发展相适应的评价指标,促进学生个性化发展;探索在学生评价中引入第三方权威评估机构的制度,利用评估机构的专业评价方法和评价工具,显著提高学生评价结果的准确性和有效性等。

第三,注重学生的中心地位和全面发展。高校学生评价应以学生为中心,强调学生的主体地位。早在1998年10月,世界高等教育大会通过的大会宣言——《21世纪的高等教育:展望和行动》就指出,在当今日新月异的世界,高等教育显然需要"以学生为中心"的新视角和新模式[②]。"以学生为中心"的核心要素为是否真正地关注了学生成长,体验到了学生成长,再进一步就是教师是否"共情"般地感受到了学生的成长,即学生是否

---

① 张乐乐,陈恩伦.新时代高校大学生评价体系建构:理念、原则、要素与框架[J].现代教育管理,2021(7):89-96.
② 李嘉曾."以学生为中心"教育理念的理论意义与实践启示[J].中国大学教学,2008(4):54-56.

在教师的指导下向上成长①。学生是评价的对象,也是评价的主体,新时代高校学生评价应"以学生为中心",从学生出发,注重学生的价值和诉求,将学生评价变成服务学生成长的工具,充分发挥学生评价教育人、引导人、激励人、发展人的正向功能。此外,高校学生评价应"五育并举",强调学生的全面发展。培养德智体美劳全面发展的社会主义建设者和接班人是我国教育事业发展的根本目的,决定了我国当前和今后教育改革与发展的根本方向,也是评价我国未来教育事业改革创新成败的根本标准②。从这一意义上来说,高校要承担起培养"建设者和接班人"的使命任务,重视对学生德智体美劳的全方位培养,注重学生全面价值的实现。

第四,评价主体日趋多元。在高校学生评价中,学生是被评价的主体,是唯一的评价对象,但是进行评价的主体并不"唯一"。《深化新时代教育评价改革总体方案》中构建了包括各级党委及政府评价、学校评价、教师评价、学生评价和用人评价在内的完整、多元参与的教育评价体系③。高校层面的学生评价包括学生自评、学生互评、教师(包括导师、任课教师以及辅导员)评价以及学校评价、家长评价、用人单位评价、第三方机构评价等。高校应注重对学生开展多元化的评价,评价主体越多元,评价结果越全面准确。

第五,数智化信息技术广泛应用。大数据、云计算、人工智能、元宇宙等现代信息技术的飞速发展和广泛应用,为教育评价提供了新的手段和方法,教育评价方式不断更新迭代,从早期的依靠个人经验评价到纸笔测验,再到计算机辅助评价、在线评价、多元评价、数据驱动评价及智能评价④。2023年5月,习近平总书记在中共中央政治局第五次集体学习时强调,教育强国建设要"深化新时代教育评价改革,构建多元主体参与、符合中国实际、具有世界水平的教育评价体系"。以 ChatGPT 为代表的生成式

① 陈光磊,杨晓莹.大学教学"以学生为中心"的现实困境与超越[J].国家教育行政学院学报,2018(12):72—77.
② 石中英.努力培养德智体美劳全面发展的社会主义建设者和接班人[J].中国高校社会科学,2018(6):9—15.
③ 司林波,马佩玺,乔花云.近三十年国内教育评价研究的发展历程、热点领域及变迁特征[J].现代教育管理,2023(11):63—73.
④ 杨宗凯.新一代信息技术驱动的教育评价改革[J].中国考试,2024(1):14—16.

人工智能技术的发展,使教育与智能的深层次融合变成可能,使智能技术深化促进高等教育评价体系变革成为现实①。高校学生评价应以数智化为切入点,注重数智赋能,积极运用新技术、新手段,实现对学生全方位、全周期、全过程的评价,通过整合和分析多维度数据,为每个学生构建出详细的个性画像,更好地理解学生的兴趣、优势和需求,不断推动学生评价向科学化、精准化、个性化和多元化的方向发展。

二、高校学生评价的政策实践

随着高等教育改革的发展,高校学生评价面临诸多新形势、新要求,各级各类政策是指导高校学生评价工作的依据和基础,发挥着明确具体方向的关键作用,直接影响高校人才培养目标的落实以及高等教育发展的方向和效益。

(一)国家政策

高校学生评价是对学生个体成长情况的最直观判断,直接关系高校教育质量、建设与管理、学生培养等核心问题。为充分发挥高校学生评价的引导作用,党和国家颁布了一系列重要政策文件,为提升人才培养质量奠定了制度基础,为我国进一步深入开展高校学生评价政策的实践提供了根本遵循。

1.以"课程考核"为核心的高校学生评价制度

为规范高校学生管理,保障学生合法权益,以加强高校学生管理、提升教育质量、完善课程教学多样化目标及要求等方面为关键点,我国建立了以"课程考核"为核心的高校学生评价基本制度。

(1)高校学生评价基本制度逐步完善

1980年2月,第五届全国人大常务委员会第十三次会议通过《中华人

---

① 王猛.人工智能赋能高等教育评价改革[N].新华日报,2024-02-23(11).

民共和国学位条例》,这是新中国首次通过立法的方式构建中国特色现代高等教育制度,为高校学生的评价体系建设提供了根本的制度遵循。1981年5月,国务院批准《中华人民共和国学位条例暂行实施办法》,细化了对高校学生学位授予规则和形式的具体要求。1990年1月,国家教育委员会发布《普通高等学校学生管理规定》,为高校学生评价提供了重要依据和基本制度保障,规定"学生必须参加教学计划规定的课程考核,考核成绩载入成绩记分册,并归入本人档案"。学生需要通过课程考核,考核成绩及格后方能获得该门课程学分,修满规定学分后准予毕业。对公共体育课程的考核进行了单独规定,要求"公共体育课为必修课,不及格者应重修。体育课的成绩要以考勤与课内教学和课外锻炼活动进行综合评定","对学生思想品德的考核、鉴定,要以《高等学校学生行为准则》为主要依据"。2004年8月,第十届全国人民代表大会常务委员会第十一次会议通过《全国人大常委会关于修改〈中华人民共和国学位条例〉的决定》,进一步完善高校学生学位授予评价制度。2005年3月,教育部对《普通高等学校学生管理规定》进行了修订,提出在学生评价过程中,应当根据校际间的合作协议,允许学生跨校修读课程,并对学生在其他学校修读的课程成绩或学分予以承认,丰富了学生考核机制。为及时反映和体现党中央关于高等教育的新理念、新思想、新战略,适应经济社会发展新需要,体现高校教育与管理新变化,教育部再次对《普通高等学校学生管理规定》进行了修订并于2017年2月发布,提出"学生参加创新创业、社会实践等活动以及发表论文、获得专利授权等与专业学习、学业要求相关的经历、成果,可以折算为学分,计入学业成绩",进一步完善了学生评价制度,为高校的正常教学和工作秩序、学生学业管理提供了重要保障。

(2)不同教育教学领域评价制度多样化发展

针对不同教育教学领域,围绕课程教学个性化目标及要求,党和国家对高校学生的评价也陆续出台了相关政策制度。2004年11月,中共中央宣传部、教育部发布《关于进一步加强高等学校学生形势与政策教育的通知》,强化形势与政策课程的教学管理,要求"实行学年考核制,每学年考核一次,该课程总成绩为各学年考核平均成绩,一次计入学生成绩册""要充分考虑本课特点,主要考核学生对国内外形势的认识和对党的路线、方针、政策的理解。考核方法要灵活,可采用开卷考试、写论文等形式",推进形势与政策课程考核评价的规范化和制度化建设,不断增强形势与政策教育的针对性和实效性。2016年3月,为持续推进教师教育改革,加强师范生的实践教育,丰富实践内容,强化评价管理和组织保障,教育部发布《教育部关于加强师范生教育实践的意见》,要求"举办教师教育的院校要制订教育实习课程标准、实施计划、实习手册、评价标准等工作规范,做到实习前有明确要求、实习中有严格监督、实习后有考核评价",加强实习资格考核,要求师范生在进入教育实习环节前必须通过相关课程学习和相应技能考核。规范高校组织开展教育实习,切实增强师范生的社会责任感、创新精神和实践能力。2018年4月,为进一步巩固马克思主义在高校意识形态领域的指导地位,加强新时代高校思想政治理论课建设,教育部印发《新时代高校思想政治理论课教学工作基本要求》,提出"改进完善考核方式。要采取多种方式综合考核学生对所学内容的理解和实际运用,注重考查学生运用马克思主义立场观点方法分析、解决问题的能力,力求全面、客观反映学生的马克思主义理论素养和思想道德品质。坚持闭卷统一考试为主,与开放式个性化考核相结合,注重过程考核……开放式个性化考核应具有严格的组织流程和明确可操作的考核评价标准。要合理区分学生考核档次,遏免考核走形式,引导学生更加重视思想政治理论课学习"。全面推动习近平新时代中国特色社会主义思想进教材、进课堂、进学生头脑,为培养能够担当民族复兴大任的时代新人奠定理论基础。

2. 以"拔尖创新"为重点的高校学生评价制度

"全面提高人才自主培养质量,着力造就拔尖创新人才"是高校在新时代新征程肩负的重要历史使命,是建设教育强国的"时代考题",也是一项系统复杂的综合工程。相较于一般性人才培养,拔尖创新人才培养在理念、制度、内容、方法与途径上截然不同,是非常态的,不存在固定的培养模式,必须及早发现、精准施策、个性化培养。

（1）分类评价拔尖人才

第一，重视基础学科拔尖人才评价。2009年，教育部会同中央组织部、财政部启动实施"基础学科拔尖学生培养试验计划"，强调对拔尖学生的考核应侧重过程性、个性化，考核的具体要求应充分体现学生在学习、研究过程中表现出来的创新意识和发展潜力，重点关注学生发现问题和解决问题的能力，鼓励考核形式多样化。2018年10月，教育部等六部门发布《关于实施基础学科拔尖学生培养计划2.0的意见》，指出要"选才与鉴才结合，真正发现和遴选志向远大、学术潜力大、综合能力强、心理素质好的优秀学生。建立科学化、多阶段的动态进出机制，对进入计划的学生进行综合考查、科学分流""遵循基础学科拔尖创新人才成长规律，建立拔尖人才脱颖而出的新机制"。2020年1月，教育部发布《关于在部分高校开展基础学科招生改革试点工作的意见》，提出开展"强基计划"，明确探索高校在招生中对学生进行全面、综合评价，转变以考试成绩评价学生的简单做法，高校将考生高考成绩、高校综合考核结果及综合素质评价情况等按比例合成考生综合成绩；高校面向社会公布破格入围的考核条件和破格录取的办法、标准，并组织相关专家进行严格考核，达到录取标准的，经核准后予以录取。2022年2月，习近平总书记在主持召开中央全面深化改革委员会第二十四次会议时强调，要全方位谋划基础学科人才培养，科学确定人才培养规模，优化结构布局，在选拔、培养、评价、使用、保障等方面进行体系化、链条式设计，大力培养造就一大批国家创新发展急需的基础研究人才。

第二，着重各领域卓越人才评价。2012年5月，为加快推进临床医学教育综合改革，教育部、卫生部（现已更名为国家卫生健康委员会）发布《关于实施卓越医生教育培养计划的意见》，要求"完善评价考核方法，建立形成性和终结性相结合的全过程评定体系"，确定开展拔尖创新医学人才培养模式改革试点，为医学生全面发展奠定基础。2018年10月，党和国家为深入推动拔尖创新人才培养，同时发布了关于六个领域的卓越人才培养计划的指导意见。为加快推进新工科建设发展，教育部、工业和信息化部、中国工程院发布《关于加快建设发展新工科实施卓越工程师教育培养计划2.0的意见》，提出支持行业部门积极参与高校毕业生质量评价等工作，助力工程人才培育水平提升；为进一步服务健康中国建设，教育部、国家卫生健康委员会、国家中医药管理局发布《关于加强医教协同实施卓越医生教育培养计划2.0的意见》，要求完善以能力为导向的形成性与终结性相结合的评价体系，对医学院校学生开展评价；为保障乡村振兴发展和生态文明建设的人才资源基础，教育部、农业农村部、国家林业和草原局发布《关于加强农科教结合实施卓越农林人才教育培养计划2.0的意见》，开展以能力为导向的多元评价，突出对学生学习能力、实践能力和创新能力的考核，建立多样化的学业指导和考核评价体系，进一步丰富对学生的学业指导和考核评价体系；为显著提升师范生综合素质、专业化水平和创新能力，教育部发布《关于实施卓越教师培养计划2.0的意见》，要求提高实践教学质量，强化师范生教学基本功和教学技能训练与考核；为推动法学教育内涵式发展和法治人才培养能力稳步提升，教育部、中央政法委发布《关于坚持德法兼修实施卓越法治人才教育培养计划2.0的意见》，要求以专业认证为抓手，明确质量目标，细化质量标准，强化过程监控和质量评价；为加快推动优秀新闻传播人才储备建设，教育部、中共中央宣传部发布《关于提高高校新闻传播人才培养能力实施卓越新闻传播人才教育培养计划2.0的意见》，强调要以"会使善用'十八般兵器'的全媒化复合型新闻传播人才"为目标对学生进行评价。

第三，强化研究生拔尖人才评价。2013年4月，为进一步提高研究生教育质量，教育部、国家发展改革委、财政部发布《关于深化研究生教育改革的意见》，要求加大对高校研究生的考核力度，加强培养过程的管理和学业考核，建设能够支撑拔尖创新人才培养的研究生教育体系。2023年11月，为深入推进学术学位与专业学位研究生教育分类发展及融通创新，教育部发布《关于深入推进学术学位与专业学位研究生教育分类发展的意见》，进一步强化两类学位在评价环节的差异化要求，优化人才选拔标准。要求学术学位重点考核考生对学科知识的掌握与运用情况，以及考生的学术创新潜力，专业学位重点考核考生的综合实践素质、运用专业知识分析解决实际问题的能力以及职业发展潜力。完善行业产业部门参与专业学位人才培养的准入标准及监测评价,以卓越工程师培养为牵引深化专业学位研究生教育改革。

(2)"双创"教育推动高校学生全面发展

2015年5月,为深化高校创新创业教育改革,国务院办公厅发布《国务院办公厅关于深化高等学校创新创业教育改革的实施意见》,提出改革考试考核方式,要求高校要注重考查学生运用知识分析、解决问题的能力,探索非标准答案考试,破除"高分低能"积弊。2016年7月,为支撑创新驱动发展战略,教育部发布《教育部关于中央部门所属高校深化教育教学改革的指导意见》,指出修订专业人才培养方案,要将高校学生的创新精神、创业意识和创新创业能力作为评价人才培养质量的重要指标,要把创新创业教育改革作为中央高校教育教学改革的重要突破口和重中之重,切实增强学生的社会责任感、创新精神和实践能力。2022年11月,为进一步加快新农科建设,推进高等农林教育创新发展,教育部办公厅、农业农村部办公厅、国家林业和草原局办公室、国家乡村振兴局综合司发布《关于加快新农科建设推进高等农林教育创新发展的意见》,提出"完善课程考核评价体系,建立多元化的考核评价体系,注重过程性考核与结果性考核有机结合,综合应用笔试、非标准化答案考试等多种形式,着力培养学生的创新意识和创新能力",聚焦动植物生产类、林学类等本科农林优势学科专业,深入推动农业科技进步和农林产业发展。

3. 以"全面发展"为中心的高校学生评价制度

促进学生全面发展是党和国家长期坚持的教育方针。从1957年2月毛泽东在《关于正确处理人民内部矛盾的问题》中提出"应该使受教育者在德育、智育、体育几方面都得到发展",到党的二十大报告提出"德智体美劳全面发展",党和国家始终将马克思主义关于人的全面发展思想贯穿于社会主义教育的培养目标,并不断继承和发展。与此同时,不断加强政策制度设计,构建德智体美劳全面培养的教育体系,为培养全面发展的社会主义建设者和接班人提供根本保障。

第一，健全高校学生德育评价机制，建构立体交互、多元参与的德育评价体系。2005年7月，教育部发布《教育部关于整体规划大中小学德育体系的意见》，要求各地教育部门要研究制定本地区整体规划大中小学德育体系工作的具体实施方案，改进德育考试和评价方法，努力形成全员、全过程、全方位德育育人格局。2014年10月，中共教育部党组、共青团中央发布《中共教育部党组 共青团中央关于在各级各类学校推动培育和践行社会主义核心价值观长效机制建设的意见》，要求高校实施高校课程体系和教育教学创新计划，"整体推进教材、教师、教学、评价、学科、保障等方面综合改革创新，发掘各学科思想政治教育资源，不断提高课堂开展社会主义核心价值观教育的实效性"，促进德育工作与专业课程教学相互融合。

第二，完善高校学生学业评价标准，考查学生学习成效及持续改善程度。2014年12月，为进一步加强对研究生课程教学的管理与监督，教育部发布《教育部关于改进和加强研究生课程建设的意见》，要求"培养单位要加强研究生课程教学评价，制定科学的评价标准，定期实施课程评价"，切实完善课程教学评价监督体系。2018年10月，教育部发布《教育部关于加快建设高水平本科教育全面提高人才培养能力的意见》，提出要加强考试管理，严格过程考核，加大过程考核成绩在课程总成绩中的比重。健全能力与知识考核并重的多元化学业考核评价体系，完善学生学习过程监测、评估与反馈机制。2019年10月，为做好激励学生刻苦学习的引导工作，教育部发布《教育部关于深化本科教育教学改革全面提高人才培养质量的意见》，明确规定要提升学业挑战度，强化人才培养方案、教学过程和教学考核等方面的质量要求，坚决取消毕业前补考等"清考"行为，严格毕业要求，严把学位授予关，不断加强高校学风建设，健全人才培养质量过程监管制度。2020年9月，为推进师范生免试认定中小学教师资格改革工作，教育部印发《教育类研究生和公费师范生免试认定中小学教师资格改革实施方案》，提出建立师范生教育教学能力考核制度，考核制度包含培养过程性考核和师范生教师职业能力测试。2021年2月，为引导高校遵循教育规律，聚焦本科教育教学质量，教育部印发《普通高等学校本科教育教学审核评估实施方案(2021—2025年)》,在附件普通高等学校本科教育教学审核评估指标体系(试行)》中将"加强考试管理、严肃考试纪律、完善过程性考核与结果性考核有机结合的学业考评制度、严把考试和毕业出口关的情况"作为质量保障的审核重点。

第三,加强高校体育功能评价,推动树立健康第一的教育理念,引导学生身心健康发展。2004年9月,教育部办公厅印发《普通高等学校体育教育本科专业各类主干课程教学指导纲要》,深化高校体育教育专业的改革,对评价的内容、方法、方式及主体等方面提出具体要求。2012年10月,国务院办公厅转发教育部、发展改革委、财政部、体育总局《关于进一步加强学校体育工作若干意见的通知》,对促进学生健康成长提出指导意见,要求"完善学生体质健康测试和评价制度",明确把学生体质健康水平作为学生综合素质评价的重要指标,将学生日常参加体育活动情况、体育运动能力以及体质健康状况等作为重要评价内容。2014年6月,为进一步确定高校体育工作基本要求,为评估、检查高校体育工作提供重要依据,教育部印发《高等学校体育工作基本标准》,提出"将学生体质健康状况作为衡量学校办学水平的重要指标。将体质健康状况、体育课成绩、参与体育活动等情况作为学生综合素质评价的重要内容",以评价促进对学生体质健康情况的分析,指导学生有针对性地进行体育锻炼。2016年5月,为贯彻落实党的十八届三中全会作出的关于强化体育课和课外锻炼的重要部署,国务院办公厅发布《关于强化学校体育促进学生身心健康全面发展的意见》,指出强化学校体育是实施素质教育、促进学生全面发展的重要途径,要进一步加强评价监督,指明"体育课程考核要突出过程管理,从学生出勤、课堂表现、健康知识、运动技能、体质健康、课外锻炼、参与活动情况等方面进行全面评价""修订体育教育本科专业学生普通高考体育测试办法,提高体育技能考核要求。制定普通高校高水平运动队建设实施意见,规范高水平运动员招生""制定学生运动项目技能等级评定标准和高等学校体育学类专业教学质量国家标准",通过完善评价办法,促进高校体育教学质量稳步提升,确保体育工作健康发展。2019年9月,为充分发挥体育在全面建设社会主义现代化国家新征程中的重要作用,国务院办公厅印发《体育强国建设纲要》,明确提出"将志愿服务纳入体育专业学生考核和体育教师评价内容"。2020年10月,中共中央办公厅、国务院办公厅印发《关于全面加强和改进新时代学校体育工作的意见》,对全面加强和改进新时代学校体育工作作出部署,要求把高校体育工作摆在更加突出位置,强调将达到国家学生体质健康标准要求作为学生考核的重要内容。2021年8月,为全面推进健康中国建设,教育部、国家发展改革委、财政部、国家卫生健康委、市场监管总局发布《关于全面加强和改进新时代学校卫生与健康教育工作的意见》,提出健全学生健康素养评价机制,强调体育与健康之间的关系,要求完善课程安排,系统设计评价体系,确保各级各类学校将健康教育贯穿教育全过程。

第四,强化高校美育育人评价,充分发挥美育育人功能,促进学生积极主动参加美育活动。2002年5月,为促进艺术类课程教学评价改革,教育部印发《全国学校艺术教育发展规划(2001—2010年)》,提出在对学生进行艺术技能的掌握和认知的水平评价的同时,注重评价学生在情感态度、审美能力和创新精神等领域的发展水平,要把静态的评价教学结果与动态的对课程实施过程进行分析评价结合起来。另外,要对教师的教学行为和学校的教学决策进行评价。要通过改革逐步建立起能够促进学生素质全面发展的艺术课程评价体系。2006年3月,教育部办公厅印发《全国普通高等学校公共艺术课程指导方案》,进一步规范、促进高校艺术教育工作健康开展,推动高校公共艺术课程建设和教育教学改革,提出"普通高等学校应将公共艺术课程纳入各专业本科的教学计划之中,专科可参照执行""每个学生在校学习期间,至少要在艺术限定性选修课程中选修1门并且通过考核。对于实行学分制的高等学校,每个学生至少要通过艺术限定性选修课程的学习取得2个学分;修满规定学分的学生方可毕业",明确高校实施美育的主要途径。2015年9月,为贯彻落实党的十八届三中全会对全面改进美育教学作出的重要部署,国务院办公厅发布《国务院办公厅关于全面加强和改进学校美育工作的意见》,提出"制定符合高校艺术专业特点的教育教学评价标准",要求提升对美育育人功能的认识,切实强化育人功能,扎实推进美育改革发展。2018年8月,中共教育部党组发布《关于学习贯彻习近平总书记给中央美术学院老教授重要回信精神的通知》,指出深刻领会习近平总书记重要回信的重大意义和丰富内涵,对于加强和改进高校美育工作具有十分重要的意义,提出把美育课程与实践纳入高校人才培养方案,纳入学分制管理,进一步完善评价体系。2019年4月,教育部发布《教育部关于切实加强新时代高等学校美育工作的意见》,强调"遵循艺术人才培养规律,推动高校修订专业人才培养方案,促进艺术教育与思想政治教育有机融合、专业课程与文化课程相辅相成,深入实施普通高校艺术相关本科专业类教学质量国家标准和高等职业学校文化艺术大类专业教学标准,不断完善艺术专业人才评价标准",推动解决高校美育工作与当前教育改革发展的要求还不相适应、与构建德智体美劳全面培养的育人体系还不相适应、与满足广大青年学生对优质丰富美育资源的期盼还不相适应等问题。2020年,中共中央办公厅、国务院办公厅印发《关于全面加强和改进新时代学校美育工作的意见》,对美育工作作出部署,要求进一步强化学校美育育人功能,将公共艺术课程与艺术实践纳入高校人才培养方案,高校学生修满公共艺术课程2个学分方能毕业。2022年11月,为推动高质量教育体系建设,教育部办公厅印发《高等学校公共艺术课程指导纲要》,进一步明确"构建面向人人的课堂教学和艺术实践活动相结合的公共艺术课程体系,将公共艺术课程纳入各专业本科人才培养方案,学生修满公共艺术课程2个学分方能毕业"的课程目标;确定"每个学生在校学习期间,要在美学和艺术史论类、艺术鉴赏和评论类、艺术体验和实践类这三类课程中通过学习和考核,取得2个学分方可毕业"的学分管理及考核要求。明确对学生的评价目标及具体要求,有助于学生提高审美和人文素养,培养创新精神和实践能力,塑造健全人格。2023年12月,为实现提升审美素养、陶冶情操、温润心灵、激发创新创造活力的功能,教育部发布《教育部关于全面实施学校美育浸润行动的通知》,要求"深化美育评价改革,发挥评价的牵引和导向作用,探索多元化教育评价方式,开展增值性评价、过程性评价、体验性评价、表现性评价、应用性评价,重在关注学生个体成长,尊重和保护学生的兴趣爱好和个性特点,全面考查学生发现美、感受美、表现美、鉴赏美、创造美的能力""高校落实本科学生修满公共艺术课程至少2个学分的基本要求,注重与专业人才培养相结合,强化审美素养和创新意识的评价""鼓励有条件的地方探索利用传感技术、大数据、物联网、人工智能、虚拟现实等活化教学内容、创新教学方式、丰富艺术体验、改进评价过程"。以浸润作为开展美育教育的目标和具体路径,将美育融入教育教学活动各环节。

第五,构建高校劳动教育评价机制,提升学生劳动实践能力。2020年3月,中共中央、国务院发布《中共中央 国务院关于全面加强新时代大中小学劳动教育的意见》,以把握育人导向、遵循教育规律、体现时代特征、强化综合实施、坚持因地制宜为原则,引导高校充分认识新时代培养社会主义建设者和接班人对加强劳动教育的新要求,明确提出"健全劳动素养评价制度。将劳动素养纳入学生综合素质评价体系,制定评价标准,建立激励机制,组织开展劳动技能和劳动成果展示、劳动竞赛等活动,全面客观记录课内外劳动过程和结果,加强实际劳动技能和价值体认情况的考核""把劳动素养评价结果作为衡量学生全面发展情况的重要内容,作为评优评先的重要参考和毕业依据",逐步建立全面实施劳动教育的长效机制。2020年7月,教育部印发《大中小学劳动教育指导纲要(试行)》,明确劳动教育途径、关键环节和评价,提出"将劳动素养纳入学生综合素质评价体系。以劳动教育目标、内容要求为依据,将过程性评价和结果性评价结合起来,健全和完善学生劳动素养评价标准、程序和方法,鼓励、支持各地利用大数据、云平台、物联网等现代信息技术手段,开展劳动教育过程监测与纪实评价,发挥评价的育人导向和反馈改进功能"。详细阐述了平时表现评价、学段综合评价和开展学生劳动素养监测的基本要求。

(二)地方政策

为深入贯彻落实党和国家关于高校学生评价相关政策,各地结合实际,相继出台了关于高校学生评价及配套政策制度,充分发挥落实、过渡和衔接国家政策的重要作用,科学指导所在地区高校开展学生评价工作,扎实推动高校学生评价的发展。

1.完善课程考核评价机制

考核是高校学生评价的重要手段,各地不断开展考核机制改革,如深入推进学分制改革,加强高校开放合作,助推考核评价机制不断完善等,逐步完善学生评价体系。

浙江省改革教学组织方式和评价方法,加强各级各类教育的沟通衔接,建立大中小学之间人才培养沟通机制,建立不同类型学校之间的课程互选、学分互认机制。山东省出台普通高等学校学分制管理规定,开展学分制管理试点,实行免修制度,学生对培养计划规定的课程已经修读或通过自学等途径确已掌握,可以申请免修。辽宁省支持学生自主选修纳入教学计划的其他院校课程,建立学生互评、课堂评估、期末考核等相结合的多维考核机制,创新考核方式,引导学生利用信息手段主动学习、自主学习。

2.优化拔尖创新评价机制

拔尖创新评价有助于培养更多国家创新发展的急需人才,各地不断推进各类拔尖创新人才评价,为我国建设世界重要人才中心和创新高地作出相应贡献。

加快基础学科拔尖人才评价是推进基础学科拔尖人才培养体系建设的核心要素。湖北省推行自主灵活的弹性学制、学分互换机制,鼓励学生跨学校、跨专业、跨年级选修相关课程,满足学生个性化学习需求。探索实施以班为单位的个性化人才培养方案,试行本研衔接培养模式,不断完善科学化、多阶段的动态调整机制,对进入基础学科拔尖学生培养基地的学生进行考查、引导和分流。四川省拓展选才渠道,在入校后的二次选拔、转专业、研究生考试等环节,创设多元渠道,多阶段、多方式地发现真正对基础学科有志趣的优秀"苗子"进行培养。

深入推进研究生教育分类发展,着力提升拔尖创新人才自主培养质量是建设高质量研究生教育体系的重要举措。上海市教育委员会紧紧围绕前沿领域和产业发展需求,深入实施研究生分类培养改革,建立覆盖44

个已有专业学位类别、共114种论文类型的专业学位论文评价体系,把工程新技术研究、重大工程设计、新产品或新装置研制等作为学生毕业和学位授予的重要依据,坚决破除"唯论文"评价方式。

3.构建全面发展评价机制

多维度评价学生发展有助于克服"五唯"顽瘴痼疾,促进学生全面发展。各地积极实施对高校学生的多维度评价,全面推进教育评价改革落实落地。

北京市印发《北京市大中小幼一体化德育体系建设指导纲要》,完善一体化德育评价,充分发挥学生自主参与评价和家长评价的诊断作用,依托可视化过程性评价载体,建立以正反馈为主的德育评价体系,提升德育评价的科学性。天津市着力构建并完善学生综合评价体系,推出学生综合素质评价改革试点项目,鼓励各区各校先行先试,及时总结提炼典型经验,形成通过教育大数据开展学生评价的优秀案例,有效发挥典型示范作用。健全学生劳动素养评价制度,将劳动素养纳入学生综合素质评价体系,开展劳动教育过程监测与纪实评价,全面客观记录学生课内外劳动过程和结果,并将其作为评优评先的重要参考和毕业依据。辽宁省明确提出,将加强大学生学习过程管理和考核,进一步完善能力和知识考核并重的评价体系。建立学习过程监测、评估与反馈机制,实施全过程学业评价考核,健全能力与知识考核并重的多元化学业考核评价体系。加大教学过程考核,强化形成性评价,探索学生学业和学习效果评价机制。湖北省积极推进劳动教育纳入人才培养全过程,印发《全面加强新时代大中小学劳动教育若干措施》,将劳动教育纳入学生综合素质评价体系,搭建全省统一的学生综合素质评价管理平台,详细记录学生劳动教育活动情况。浙江省人民政府办公厅发布《浙江省人民政府办公厅关于全面加强和改进学校美育工作的若干意见》,推动构建具有浙江特色的现代化美育体系,提出建立健全美育工作评价制度,探索开展高校学生艺术素养测评。

（三）学校政策

1.世界一流大学学生评价制度

世界一流大学作为我国高等教育的领跑者,是引领国家创新发展的重要力量,也是大国博弈核心竞争力的重要源泉。世界一流大学承担着培养国家战略人才和急需紧缺人才的任务,其学生评价理念对高等教育高质量发展发挥着引领作用。

近年,北京大学基本形成了"以制度体系为根基,以研究生教育全过程管理为抓手,以培养拔尖创新人才为突破口"的研究生教育质量保障体系,以过程导向为主替代目标管理,进一步将博士研究生教育评价向培养全过程延伸,以评促改、以评促管、以评促强。修订《北京大学博士研究生培养工作规定》,鼓励博士研究生结合学科发展前沿和兴趣自主开展科学研究,学术创新成果可以通过学术论文、专利、软件著作权、著作等多种形式呈现,并且不断扩展学术创新成果认定范围,增设应用转化成果认定,破除"论文至上",引导研究生潜心治学、攻坚克难。举办数学、物理英才班,探索基于统一高考的自主选拔,综合评价录取方式的逐渐多样化。推行"学生综合素质评价机制改革"和"科研创新评价机制改革",将评价贯穿学生培养全过程,有效引领学生德智体美劳全面发展,提高学生的综合素质。通过评价改革、课程优化等方式,引导学生将研究视野投向国家重大战略需求和经济社会发展需要中。

清华大学完善以促进全面发展为目标的评价制度,优化奖励荣誉体系的结构,突出以德为先、分类激励的评价导向和立德树人、"三位一体"的育人理念。将体育、美育和劳动教育融入人才培养全过程,弘扬"无体育,不清华"精神,提高体育课程育人成效;营造"有美育,更清华"的育人环境,建设高质量美育体系;大力加强马克思主义劳动观教育,促进形成"爱劳动,最清华"的校园氛围。加强丘成桐数学科学领军人才培养计划的自主选拔,推进破除基础学科人才选拔"唯分数论"。逐步健全促进学术学位和专业学位研究生分类评价的体制和机制,校级优秀硕士学位论文和博士学位论文评选按照学术学位与专业学位分别测算名额。开展研究生学位评定标准、破除"唯论文"倾向改革,进一步推动分类评价,针对公共卫生专业学位类别、创新领军工程博士项目等制定了单独的创新成果要求文件。工程管理硕士教育中心协调15个院系和11个相关学位评定分委员会,制定了工程管理硕士专业学位类别的创新成果要求文件。成立工程专业学位分委员会,负责统筹工程类专业学位类别的硕士、博士学位审议等工作。根据硕士生和博士生、学术学位和专业学位、国内学生和国际学生的不同培养目标,采用分类考试、综合评价、多元录取的方式,做好研究生招录工作。全面推行"申请—考核"制,充分发挥院系、学科、导师的自主权,制定《学术人才选拔参考指南》《学术人才素质及测量方法关系表》等文件,为科学选拔招录研究生提供依据。侧重招收具有学术志趣的博士生,根据项目定位精心组织工程管理、会计、赛事管理等专业硕士项目,以及创新领军工程博士、思政课骨干教师提升计划教育博士等专业博士项目的招生考试,更加突出专业性和职业性,通过评价改革促进专业学位教育更好地服务社会经济发展。

2.高水平研究型大学学生评价制度

高水平研究型大学是建设教育强国的战略支撑力量,其群体水平和质量决定了高等教育体系的水平和质量。高水平研究型大学同时也是高等教育改革的探索者,其学生评价改革的成功经验在构建高校学生评价制度体系过程中发挥着示范带动作用。

坚持"五育并举",促进学生德智体美劳全面发展。北京师范大学强化全过程评价,修订《本科生综合考评办法》,以激励和引导学生全面发展为导向,细化指标体系,全方位考查学生德智体美劳全面发展情况。将综合考评结果纳入学生奖学金评奖体系,强化评价体系对激励学生全面发展的导向作用。制定《课程考核管理办法(试行)》,规范考试优秀率、区分度和考试形式等。制定《研究生学术创新奖励暂行办法》,把科学精神、创新能力、学术道德等的培养工作放在突出位置。严格学位授予质量标准,不断强化学位授予质量控制,加强论文选题。东北大学出台《关于进一步加强和改进新时代大学生德育、智育、体育、美育和劳育实施方案》,深入推进"思业融合燎原计划",实现课程思政全覆盖,以评价改革牵引育人方式改革,将"五育并举"落到实处,促进学生全面发展。浙江大学积极探索构建特色劳动教育体系,制定《关于全面加强新时代大学生劳动教育的实施方案》,健全和完善学生劳动素养评价标准、程序和方法,将过程性评价和结果性评价相结合,依托信息技术实现学生劳动教育过程记录,将劳动素养评价纳入学生评价体系,并作为衡量学生全面发展的重要内容。湖南大学突出学生学业过程评价,修订《本科生综合素质测评办法》,强化全过程考核,建立多元综合考核评价体系,明确体质健康测试不合格者不予毕业。出台《加强新时代大学生劳动教育实施方案》,将劳动教育纳入学生综合素质评价档案,制定劳动实践教育清单,合理安排日常生活劳动、生产劳动和服务性劳动内容,发挥好各类劳动教育载体的育人作用。西北农林科技大学突出目标导向,实施多元评价,强化对学生能力和素质的要求,出台《本科生素质能力测评实施办法(试行)》,推进协同育人新模式,大力培养新时代卓越农林人才。

面对新一轮科技革命和产业变革,提升工程人才培养质量。上海交通大学深入推进卓越工程师培养改革,严格考核标准,对标卓越工程师培养目标,加强对学生基础理论知识掌握能力、运用知识分析解决问题能力、协同合作能力、创新潜质、长期从事相关工程领域科学研究和工作的兴趣意愿等方面的考查,全面考核,择优录取。建立由企业专家和校内教师组成的教学评价委员会,对学生的项目展示、团队大作业进行评审打分,实现校企共同评价学生学习成果。重庆大学着力加强卓越工程师培养,深化学生评价机制改革,突破传统以学分与论文为核心的单一学业评价体系,将创新实践能力纳入学位要求,多维评价学生综合素质。

强化基础学科和拔尖创新人才培养,走好人才自主培养之路。中国人民大学坚持立本固基,立足长周期培养,结合基础学科在大中小学的培养特点,推动构建一体化人才培养机制,优化"早期培育+高考录取+二次选拔+动态进出+综合评价"选才机制,实现对基础学科拔尖人才的科学选拔。厦门大学不断提升优秀生源储备能力,加大协同育人力度,建立"多条路径、多个环节、多维评价、动态进出"选才鉴才机制,综合考量学生兴趣、能力、潜质、素质等多维因素,重点考查学生对基础学科研究的志向、兴趣、天赋,着力选拔优秀拔尖人才。根据不同学科、年级特点制定评价标准,建立健全阶段性评价,支持学生和项目之间的双向选择,进一步完善基础学科拔尖人才培养动态调整机制,畅通拔尖人才发展渠道。四川大学研发"360°智能多维学生评价系统",对学生进行个性化、潜质性测评,促进学生潜能的挖掘。充分发挥大数据技术分析优势,结合教育心理学评价理论,综合评估学生的学习及心理状态,开展个性化的指导与帮助。

着力提高高素质教师人才培养,建设高水平教师教育体系。东北师范大学聚焦培养创新型卓越教师,推动建立师范生师德评价机制,制定《本科生综合素质测评方法》,规定学生综合素质包括基础性评价和发展性评价,开展班级互评、辅导员评价,将德育评价作为各项评价的前置要求。设置思想政治状况量表、心理量表,定量评价学生发展状况,建立"成长足迹"德育档案,开展定性评价。建立"中学教师+大学教师+小组同学"多主体评价共同体,完善"师德养成+教学实践+班级管理+教育调查+行政管理"多元内容评价体系,依托大数据分析技术,完善师范生实践教学全周期评价机制。探索构建"职业实操+支教实践+综合实学"的评价模型,将"第二课堂"成绩单纳入学生评价体系。陕西师范大学深化师范生培养改革,科学制订招生计划,坚持和完善师范生学业奖励和警示制度,通过学业成绩和综合表现对学生进行综合评价。

落实国家教育数字化战略行动部署要求,不断开辟教育数字化新赛道。武汉理工大学以教育数字化转型为抓手,推动学生评价改革,实现对学生的过程性评价、综合性评价以及德智体美劳全面评价。西安电子科技大学立足自身电子信息特色优势,探索建立学生综合性成长电子档案与电子能力证书,为本科生、研究生分别构建观测模型,运用大数据分析技术及时推送学生学习进展情况报告,建立学生在线学习效果评估机制,全方位采集学生在线学习行为和能力等多维度特征数据,实时评估在线学习效果。

3.高水平地方高校学生评价制度

高水平地方高校的办学定位以立足地方、服务行业为鲜明特色,以服务国家和区域创新发展战略为主攻方向,依托当地资源培养人才、服务区域发展。加快建设地方高校学生评价体系,是推动地方经济社会高质量发展的关键环节。

发挥教育评价改革牵引作用,改革人才培养评价机制。上海财经大学以学生体质检测为抓手,建立学生综合评价体系,将反映学生素质锻炼效果的核心项目纳入考试内容。成立健康促进与体质测试研究中心,按学期开展学生体质测试,将学生体质测试成绩纳入学生体育课成绩考核指标中,并作为学生评优评奖与准予毕业的重要依据。河海大学对毕业生开展就业跟踪调研,并将调研成果作为调整和优化学生评价体系的重要依据。强化学生基础实践训练,加强对学生基础实践环节的过程管理与评价,不断完善实践体系。

加强内部教学质量监控体系建设,构建科学的课程考核评价体系。青岛大学推行以理论学习质量评价和实践环节质量评价为核心的学生学习质量评价制度。在理论学习质量评价方面,每学期对学生考试不及格的情况进行汇总,对学生不及格课程设立四道"红线"。在实践环节质量评价方面,将创新实践学分列入各专业培养方案,每学期对学生获取创新实践学分情况进行汇总考核,对完成创新实践学分落后的学生进行重点帮扶。西南石油大学在人才培养中融入创新创业教育,不断优化教育模式,改革考试考核内容和方法,将学生创新实验、发表论文、获得专利、参加创业实践活动和自主创业所取得的成果转换为学业学分,实现对学生成绩的科学评价。

推进信息技术与教育教学深度融合,拓宽学生评价路径。北京工商大学加强智慧教学一体化平台与校内各类信息平台深度融合,收集各类教学相关数据,建立师生成长电子档案,着力构建多维度的综合性、智能化评价体系。围绕4个评价象限(知识、技能、能力、素养)、11类一级评价指标、313个指标观测点,生成学生评价矩阵图,对学生的学业水平和综合素质进行全面、客观的评价。利用大数据分析开展学生评价,形成学生学业达成度报告,向学生提供智能诊断、资源推送和学业规划,提前对学业进行预警和干预,为学生个性化成长与发展提供针对性指导和帮助。

三、高校学生评价改革的现实意义

高校学生评价发挥着高等教育事业发展"指挥棒"的重要作用,是解决高等教育功利化、短视化问题的关键抓手,是高等教育人才培养的重要环节。开展高校学生评价改革是促进高校落实立德树人根本任务、推进高等教育治理体系持续优化和教育治理能力不断提升的核心内容。

(一)促进学生全面发展

实现人的德智体美劳全面发展,既是我国当下及未来一定时期内教育事业发展的方向和目标,也是马克思有关人的全面发展理论中国化在教育领域的最新理论与实践成果。加强新时代人才培养工作,确立德智体美劳全面发展的科学培养体系,促进学生德智体美劳全面发展,培养有理想、有本领、有担当的时代新人是高校人才培养的核心任务。

高校学生评价改革决定学生成长成才的培养方向,是高校全面落实立德树人根本任务的关键动力。要坚持"五育并举""五育融通",按照综合化、多元化、个性化的思路构建学生综合素质评价机制,引导学生科学成才。高校要进一步完善与之相适应的评价机制,改变用分数给学生"贴标签"的做法,创新德智体美劳过程性评价方式,完善多元评价机制,改进结果性评价,强化过程性评价,探索增值评价,健全综合评价,培养学生成为德智体美劳全面发展的社会主义建设者和接班人。

(二)提升学生核心素养

高校学生评价改革是促进高校学生核心素养提升的重要抓手。学生核心素养的提升程度决定了人才培养质量的提高程度,是直接影响高等教育发展的关键因素。随着时代的发展,高校学生核心素养的内涵也在逐渐丰富。

2016年9月,为全面贯彻党的教育方针,落实立德树人根本任务,适应世界教育改革发展趋势,提升我国教育国际竞争力,深化教育领域综合改革,北京师范大学举行了中国学生发展核心素养研究成果发布会,正式发布《中国学生发展核心素养》总体框架,该成果是教育部委托北京师范大学,联合国内高校的近百位专家成立课题组,历时三年完成的。总体框架以科学性、时代性和民族性为基本原则,将中国学生发展核心素养分为文化基础、自主发展、社会参与三个方面,核心素养综合表现为人文底蕴、科学精神、学会学习、健康生活、责任担当、实践创新六大素养。完善、综合的教育评价体系可以为高校学生核心素养的提升提供保障。

(三)造就拔尖创新人才

受应试教育影响,学生在自主学习能力、主动学习的意愿、追求学术的精神以及学习的兴趣等方面,与高质量人才培养的需求尚有较大差距。高校学生评价改革为学生个性化发展提供了多元化平台,助力高校不断完善拔尖创新人才培养体系,为加快建设世界重要人才中心和创新高地提供了基础保障。

1.拔尖创新人才早期发现与选拔

高等教育迈入普及化阶段后,对拔尖创新人才的选拔显得尤为必要。要建立科学化、多元化选才模式,从宏观层面构建大中小一体、互相衔接贯通的学生培养和招生选拔机制,给高校适度的自主选择权,通过高中选修课、自主测试等手段,让大学能够招收到适合自己的优质生源,从而从源头上保证高质量人才培养的需求。健全高校二次选拔机制,需立足国情和教育发展现状,遵循拔尖创新人才成长和发展的普遍规律,突破"唯成绩论",进一步考核学生的学习潜力、创新思维和综合素质等,对考生内在特质进行全面、综合、深入的考查,使具有拔尖创新潜力的学生得到脱颖而出的机会,把好人才"入口关"。

2.拔尖创新人才综合评价机制

尊重拔尖创新人才的成长规律,高校需要把方法教给学生,把时间留给学生,区分"智力拔尖"与"成绩拔尖"。聚焦培养目标,做好培养方案设计和课程体系重构,全方位、全链条推进改革,打好"组合拳"。高校拔尖创新人才考核机制应制定符合不同发展需求的人才分类和多元评价标准,对拔尖创新人才的出口进行多元评价,全方位评估人才多元智能的发展水平和未来发展潜力。突出对学生综合素质的全面评价,充分发挥学生主体作用,推进第一课堂与第二课堂互补融合,聚焦培养目标,推行分类评价和过程评价机制,充分掌握学生学习状态,着重考查学生综合分析和创新解决问题的能力。针对拔尖创新人才建立符合其实际的动态考核、灵活退出机制。着力构建由学校管理者、教师、学生和家长共同参与的多元化主体评价模式,加强毕业生质量跟踪评价,强化内部评价与外部评价协同,把好人才"评价关"。

3.拔尖创新人才成长服务保障机制

利用云计算、大数据等技术,构建智能学习环境、学习生态系统、交互学习系统,推动以"教"为中心向以"学"为中心的转变。打造集智慧教学、线上考勤、远程互动、环境智慧调节、线上质量监测等于一体的新型现代化智慧教室系统,营造更有利于拔尖创新人才成长成才的学习环境。推进"数字督导""数字画像",通过学生画像、学院画像和学校画像等方式为学生个体发展提供数据支撑,以现代化手段打造信息化、智能化、常态化拔尖创新人才培养质量评价监控与反馈系统,全方位、多层次记录"教"和"学"的轨迹,加强对学生成长的长周期进行全面性的跟踪服务,把好人才"出口关"。

第二章

高校学生评价体系构建及组织实施

学生评价改革是高校教育评价改革的基础内容和关键环节，评价结果是检验"双一流"建设和拔尖创新人才培养成效的重要手段，也是推动高等教育实现高质量内涵式发展变革的重要依托。中共中央、国务院印发的《深化新时代教育评价改革总体方案》中，明确提出了新时代学生评价改革的重点任务和主要目标。当前，高校要创新性地推进新时代学生评价改革工作，突破传统学生评价改革思维定式，构建高校学生评价体系并组织实施，促进学生全面发展、人人发展、个性发展。

一、高校学生评价的基本思路

高校对学生的评价在一定程度上体现了学校自身的办学方向和培养目标,对学校的整体发展具有深远影响。有效的学生评价应当做到对学生进行综合而全面的评价,学生评价指标的构建要能对学生德智体美劳各个方面进行全方位、多角度、立体化评价,评价结果要能促进学生的全面发展及个性化发展。

(一)强化学生综合评价

习近平总书记在中共中央政治局第五次集体学习时强调,"建设教育强国的目的,就是培养一代又一代德智体美劳全面发展的社会主义建设者和接班人"。《深化新时代教育评价改革总体方案》中提出要"坚持以德为先、能力为重、全面发展,坚持面向人人、因材施教、知行合一,坚决改变用分数给学生"贴标签"的做法,创新德智体美劳过程性评价办法,完善综合素质评价体系,切实引导学生坚定理想信念、厚植爱国主义情怀、加强品德修养、增长知识见识、培养奋斗精神、增强综合素质"。

高校切实落实立德树人根本任务,需要强化对学生的综合评价。对大学生而言,对其进行综合评价要注意以下几点:一是全面性评价与个性化评价相结合。当代大学生的个性差异愈来愈明显,学生评价应在促进学生全面发展的基础上引导其彰显个性,发挥自身优势,形成个人特色。二是评价主体的多样性。学生、教师、辅导员、用人单位等多元评价主体,可以从不同角度表达不同的声音,更加全面、客观、科学地呈现学生的真实表现。三是德智体美劳全要素评价。"德智体美劳"完整地体现了人的全面发展要素,高校学生评价要以培育和提升学生综合素养为评判标准,开展全方位育人体系的持续性、系统性改革。四是量化评价与质性评价相结合。学生评价既包含可以量化的内容,如成绩、绩点等,又包含难以量化的内容,如思想道德素质、体育素养、美育素养等,需综合运用量化与质性评价方式,以互为补充。五是结果性评价与过程性评价相结合。传统的学生评价更注重结果性评价的运用,对学生在日常学习实践中的参与度、积极性、努力程度、精力投入等情况无法很好呈现,需增加过程性评价的运用,过程与结果并重,关注学生学习的全过程。六是注重评价结果的运用及反馈。学校可将评价结果作为检验自身办学水平的重要依据;教师可将评价结果作为检验日常教学及学生管理的重要参考;学生可以利用评价结果进行自我定位,促进自我发展;同时,在学生评价过程中还需设置反馈环节,促进各评价主体之间的交流沟通。

(二)优化学生评价指标

目前,我国高校学生评价标准存在模糊雷同的现象。究其原因在于高校未能根据自身特色和办学定位,设计具有区分度、针对性、契合性的评价指标。《教育部关于加快建设高水平本科教育全面提高人才培养能力的意见》明确指出,"一些学校领导精力、教师精力、学生精力、资源投入仍不到位,教育理念仍相对滞后,评价标准和政策机制导向仍不够聚焦"。高校在实施学生评价过程中必然将党和国家的教育方针与国家层面发布的规章制度作为政策依据,但在具体操作层面,未能充分结合新时代大学生的思维和认知水平、心理成长特点和办学定位进行有效细化,也未能制定具有针对性的学生评价指标,导致学生评价标准模棱两可[①]。

目前,大多数高校均参考基础教育阶段学生综合素质评价模式开展学生评价。《教育部关于积极推进中小学评价与考试制度改革的通知》将学生发展目标分为基础性发展目标和学科学习目标。其中,基础性发展目标又包括道德品质、公民素养、学习能力、交流与合作能力、运动与健康、审美与表现等方面。高校学生评价的内容也基本沿袭中小学综合素质评价的思路,涉及学业因素和非学业因素两个一级指标。其中,非学业因素按照德智体美劳"五育并举"的原则设置二级指标。一般由学生处牵

---

① 张乐乐,陈恩伦.新时代应用型本科高校学生评价的现实困境及其变革路径[J].内蒙古社会科学,2020,41(3):193-199.

头制订学生评价指标体系的基本框架和配套的规章制度,相关部门共同参与。然后由二级学院在此基础上制订各学院内部具体的评价指标和实施细则。对学生的德智体美劳进行全面评价,在具体实施中还存在很多问题,如比例不够均衡、评价指标比较单一等,给学生和教师的感觉往往是在"搞形式、走过场",评价过程中更多的还是以学生的学业评价为主,对学生的促进和激励作用不明显,未能很好地实现促进学生全面发展的目标。因此,高校学生评价要更加聚焦学生"全面发展",重新审视学生评价目标及路径,进一步细化"五育并举"的评价指标体系,对学生群体实现全维度"精准画像"。

(三)促进学生个性发展

高校学生评价既要注重全面性,又要注重学生的个性发展,关注其个性化表现,尊重学生的差异性、自主性与独特性,挖掘学生的优势特长与潜在能力。就学生自身而言,每位学生都是一个独特的个体,其学习和发展的起点、过程和结果都存在较大差异。学生评价要坚持面向人人,尊重每一位学生作为立体的人的主体地位,在全面评价的基础上关注个体差异,并基于这种差异性强化因材施教[①]。

开展学生评价要针对不同的学年、学段、系科和专业特点,分类设计评价标准。学生在各个阶段学习任务的侧重点不同,如大一学年,注重通识教育课程学习,掌握基础知识,培养基本素养,提升综合素质;大二学年,深化专业知识,侧重学科基础课程学习,理论与实践相结合,培养自主学习能力,提升专业核心素养;大三学年,在加强专业发展课程学习的同时进入实习实训环节,培养创新思维和应用能力,强化技能训练,提升知识融通能力;大四学年,进一步拓宽知识面,培养解决复杂问题的能力,注重职业技能培养,以更好地走向社会。因此,在不同学年开展学生评价要有所侧重,不能"一刀切"。每个学年又分为初期、中期、后期三个阶段,每个阶段的评价侧重点也应有所不同。如初期主要是对学生进行认识性评

---

① 刘云生.学生立体评价的探索构想[J].人民教育,2020(21):17-21.

价,由辅导员或班主任组织,对学生的德智体美劳各方面状况进行摸底,对影响学生发展的主要要素进行分析,并根据学生的个体差异确定阶段培养目标,制订个人成长阶段性具体目标。中期以过程性评价为主,检查、记录、评定学生在目标达成过程中的行为表现,并落实督促工作。由各相关评价主体协同完成,贯穿于全学期各项工作和活动中。建立日常评价、周小结、月小结等制度,及时反馈信息,及时发现解决问题,促使学生围绕阶段目标,修正个人行为[①]。后期则侧重结果性评价,每学期末由学校层面组织实施,各评价主体共同落实,对学生学年表现进行综合评价。此外,学生身处不同的院系和专业,其培养内容有很大的不同,进行学生评价也需要有所区分,不能一概而论。

学生评价的过程中要注重对评价结果的反馈和运用。比如,评价团队(专业教师、辅导员等)对收集到的评价信息进行深入解读,既要对评价过程中所收集的数据进行科学归纳、分析,也要关注无法以数据方式呈现的学生表现,形成对学生的阶段性的评价结果,指出其突出表现以及不足之处,并给予有针对性的指导意见,将评价结果及时反馈给学生,促进学生在后续实践过程中持续改进,形成"实践—评价—反馈—实践"的良性循环。同时,可考虑建立教育风险预警机制,对未达到基本要求的学生给予分级警示,引导学生明确方向和目标,督促学生自觉调整实践行为。

在评价的过程中还要注重对学生的增值性评价。简单来说就是看个人进步,实行纵向评价,不作横向比较。比如一个基础相对薄弱的学生,一段时间后有了较大的进步就应当受到褒奖,而原先基础较好的学生,即便原地踏步甚至退步,经横向比较依然比基础薄弱的学生表现好,这种情况也应当受到正视与理性分析。增值性评价方法的运用可以充分激发后进生和弱势学生的进取积极性及发展热情,同时也有利于优秀学生百尺竿头更进一步。充分体现了以评价促发展的理念,激励学生在追求自身全面发展的同时关注个人特色、形成优势特长,持续努力,以实现更大进步。

---

① 刘建坡,袁天天,张杰.把德育落实在实效上[EB/OL].(2014-04-25)[2024-04-05].http://www.moe.gov.cn/jyb_xwfb/s5147/201404/t20140425_167678.html.

二、高校学生评价的核心要素

我国高校学生评价目前过多地运用在学生评优评奖、推优入党等甄别鉴定方面,在引导学生个性化发展、促进学生就业创业等方面的作用有待加强。因此,高校要积极构建全面立体的学生综合评价体系,既对学生德智体美劳全要素开展横向评价,又对学生各阶段学习情况开展全过程纵向评价。

(一)学生评价标准

《深化新时代教育评价改革总体方案》中提出,要"改革学生评价,促进德智体美劳全面发展",将"树立科学成才观念"作为学生评价的首项改革任务,强调要"坚持以德为先、能力为重、全面发展,坚持面向人人、因材施教、知行合一""创新德智体美劳过程性评价办法,完善综合素质评价体系"。因此,在学生评价标准的制定中,要突出体现全面发展、综合评价、过程性评价、个性化评价等要求。

1.坚持德智体美劳全要素评价相融合

党的二十大报告和《中国教育现代化2035》中均指出,要培养德智体美劳全面发展的社会主义建设者和接班人。学生德智体美劳全面发展,既是对学生素质定位的基本准则,也是社会主义建设者和接班人的重要特征[1]。高校学生评价应坚持德智体美劳全要素评价,完善德育评价,强化体育评价,改进美育评价,加强劳动教育评价,严格学业标准,构建全面立体的学生综合评价体系。在推进学生评价改革中应注重"五育并举"一体推进,同时以德为先,德育贯通,把德育贯通于其他各育之中,切实引导学生坚定理想信念、厚植爱国主义情怀、加强品德修养、增长知识见识、培养奋斗精神、增强综合素质[2]。

---

① 谢树华.推动教育评价改革改在深处落到实处[N].光明日报,2021-04-01(8).
② 中华人民共和国教育部.构建符合中国实际、具有世界水平的教育评价体系——教育部负责人就《深化新时代教育评价改革总体方案》答记者问[EB/OL].(2020-10-13)[2024-04-05].http://www.moe.gov.cn/jyb_xwfb/s271/202010/t20201013_494379.html.

2.标准化评价与差异化评价相结合

学生评价改革中要坚持面向人人、因材施教、知行合一,不断创新学生评价方式,积极引入标准化评价与差异化评价相统一的方式,做到既有约定俗成的"规范性"要求,又有因材施教的"个性化"需求;既着眼于全体学生,又兼顾个体差异。评价学生时,高校一方面不得随意降低或更改评价标准,另一方面又必须努力做到有的放矢,兼顾个性化与层次性,在标准化评价的基础上重视学生的差异化评价。要注重培育、发掘学生发展潜能,对具有特殊潜能的学生予以更大的发展空间和宽松的成长环境,鼓励学生发挥特长,尽力让每个学生都有人生出彩的机会①。

3.客观性评价与主观性评价相统一

学生的全面评价,既包括客观可量化的内容,也包括主观难以量化的内容。如学生成绩、考勤率、作业完成情况、竞赛获奖等可直接量化,属于客观性评价内容;而学生的道德品行、创新意识、审美素养、劳动意识等则难以直接量化,属于主观性评价内容。开展学生评价时,要运用客观性与主观性相统一的辩证思维方式分析把握问题,使评价更加科学、全面和准确,综合运用学生自评、同学互评、教师点评、学院测评、小组评议等多种评价方法,尽量使主观评价符合客观实际,以避免主观评价的随意性。

4.结果性评价与过程性评价相贯通

《深化新时代教育评价改革总体方案》中明确提出,学生评价要"改进结果评价,强化过程评价"。学生的发展是一个连续不断的动态变化过程,具有动态性、阶段性、成长性等特征,对学生实施评价应充分体现其动态发展趋势,坚持结果性评价与过程性评价相互贯通②。高校要改变过去只重视结果不重视过程的一次性学生评价模式,构建多元动态的评价体

---

① 王蕊.准确把握新时代高校学生评价改革的几对辩证关系[J].中国高等教育,2022(19):50-52.
② 王蕊.准确把握新时代高校学生评价改革的几对辩证关系[J].中国高等教育,2022(19):50-52.

系,建立对学生成长成才信息进行全面记录的平台。将学生评价有机嵌入教育教学全过程,努力打通人才培养环节的"信息孤岛",建立健全具有记录、评价、激励、反馈功能的发展性评价系统,发挥评价在学生成长中的促进、支撑、导向、激励等作用。同时,要探索开展增值评价,将点状式的结果性评价转换为线性式的过程性评价,动态把控学生的渐进发展与增值走向,及时给予褒奖,点燃学生的持久学习热情[①],发挥学生评价对学生发展的促进作用。

5.课内课外评价、校内校外评价相衔接

学生评价要积极构建社会、用人单位、第三方评估机构、学校、教师、学生等多元主体参与的评价体系。如今大学生受教育的场所包括课内课外、校内校外,不仅内外皆有,且场域越来越大。"课内教育"主要是指教师的"言传身教","课外教育"主要是指除教师的言传身教之外学生参与的各种课外活动,"校内教育"主要是指除课内课外教育内容外的各类校园文化熏陶,"校外教育"主要是指学生在校外参加各种专业实习实训和社会实践活动[②]。学生受教育场所的复杂性和多样化,决定了评价主体的多元特征。在实施学生评价时,应将课内课外评价、校内校外评价有机衔接,通过多角度、多方位的评价方式来实现学生评价改革的落实落细,更好地培养出既符合高等教育培养目标又符合社会及用人单位需求的具备综合素质的人才。

(二)学生多元化评价主体

《深化新时代教育评价改革总体方案》中指出,要"探索学生、家长、教师以及社区等参与评价的有效方式""构建政府、学校、社会等多元参与的评价体系"。高校学生评价主体多元参与已然成为共识,是推进高校学生评价改革的必然路向。通过各方评价主体的实质性参与,如学生自评、学

---

① 王蕊.准确把握新时代高校学生评价改革的几对辩证关系[J].中国高等教育,2022(19):50-52.
② 王蕊.准确把握新时代高校学生评价改革的几对辩证关系[J].中国高等教育,2022(19):50-52.

生互评、教师评价、学院测评小组评价、用人单位评价、第三方评估机构评价、家长评价等,可以使学生评价的结果更加全面、客观、综合、立体。

1.学生自评

学生自评是高校学生评价中不可或缺的重要组成部分。在自评过程中,学生成为评价的主人,自身发展状况成为评价的对象,由学生本人审视自身的学习发展情况。不仅有利于学生自我认识、发展和提高,而且有利于增强学生自我教育、自我管理的责任感。开展学生自评时要给予学生充分的信任并为其提供帮助,如安排教师对学生进行指导,引导其转变角色;制定科学合理的评价原则和步骤,使评价操作更加规范等[①]。

学生自评应当关注两个方面的内容:一是制定科学合理的评价标准。自评包括学习活动开始之前、展开过程之中和学习结束之后,它贯穿于学生学习的全过程[②],构建评价指标体系时要反映对学生学习全过程的评价;二是自评结果尽量不与奖惩挂钩,主要指向学生的自我完善、全面发展。若以功利性的目的来开展学生自评,评价结果的真实性、可靠性难免会受到影响,也就失去了促进学生自我完善、全面发展的重要意义。

2.学生互评

学生互评是指学生之间相互进行评价的过程,对促进学生发展与提高有重要意义。学生互评既有利于促进学生自主学习、自我发展和自我评价,又有利于培养学生的协作能力和合作精神,提升学生评价和沟通的技能。

学生互评时,易受同学之间的关系、性别、学业成绩、个性特征、智力水平等多方面因素影响,难免存在误差。因此在评价之前,组织者要先与全体学生沟通讨论、统一思想,明确范围、标准、方法,达成共识,避免讨论

---

① 孙刚成,杨晨美子.智能化时代社会变革对高校学生评价的新要求[J].民族高等教育研究,2020,8(3):54-61.
② 邱均平,王碧云,汤建民.教育评价学:理论·方法·实践[M].北京:科学出版社,2016:221.

不透明、急于开评以及将组织者的意见、少数人的意见强加于全体学生等问题。在评价的过程中,教师要加强引导,强化学生相互之间的尊重、平等、关怀等,履行好指导、监督、核对的职责。同时,要强调学生互评时信息的安全性和隐私性,保证学生的隐私和信息安全。评价结果要侧重肯定付出、鼓励进步、善意提醒、指出不足,并及时反馈给每个学生。

学校学生评价组织机构应对具体评价组织者(如班主任、辅导员、班干部等)开展相关培训,利用专题交流、专题辅导等多种方式,促使其了解评价体系的设计理念、总体思路以及具体实施方式等。学生互评结果尽量不与奖惩挂钩,目标定位在促进学生的全面发展、与同伴的共同提高等方面。

3.教师评价

教师对学生的评价是帮助、激励和引导学生自我发展、自我完善的有效手段之一。教师开展学生评价时应尊重学生差异性和主体性,将评价与教学从对立转入统一。作为执教者,鉴于教学目标与评价目标的一致性,教师在评价学生的时候有独特的优势,可以基于学生的性格、态度、智力等方面的差异,更客观地对学生作出评价,更有针对性地运用评价结果对学生进行引导和鼓励。

教师在对学生进行评价的过程中要重视多种方法的综合运用,客观性评价与主观性评价相结合、结果性评价与过程性评价相结合、标准化评价与差异化评价相结合等,保证评价信息的真实性和有效性。同时要注重对评价结果的反馈,与学生进行思想、情感、态度等方面的深入沟通,从而更好地实现教育目标。教师评价学生的结果着重用于促进学生的全面发展及个性化发展、帮助教师调节教学及提高教学质量等方面。

4.学院测评小组评价

学院测评小组评价是学生评价的重要基础环节。测评小组一般由学院领导、教师代表、辅导员或班主任代表、学生代表等组成,在学校出台的学生素质综合评价方案基础上根据实际情况予以细化,制定适合本学院实际的学生评价实施细则,同时负责其组织与实施。结合学生填写的综合考评表(学生自评、学生互评、教师评价等情况),审核形成最终的评价结果(如学生年度评价发展报告),作为学生大学阶段的重要档案,可综合运用在学生评优评奖、就业创业、学习深造、推优入党等各个方面。

学院测评小组在实施评价的过程中要强化公平公正原则,学生对评价结果有异议时要及时核实和处理。校级层面需建立评价结果反馈监督机制,引导学院有针对性地改进教育和管理工作,提升对学生全面和个性化发展的指导水平。

5.用人单位评价

学校作为学生与社会之间的桥梁,为学生融入社会提供过渡性环境,社会及用人单位才是学生的最终接收者和最终评价方。通过分析用人单位对学校毕业生及实习生的评价结果,学校可以发现用人单位对学生各方面能力的要求,从而找出人才培养方面的不足,有针对性地采取相应的措施,提高学校的教育教学质量。如加强和完善学生职业生涯规划和就业指导课程体系,着重培养用人单位需要的综合素养和专业技能;统筹规划,对一线辅导员进行专业培养,在日常学习生活中指导学生结合专业属性和自身优势,有针对性地进行自我定向和目标行业探索等[①]。

同时,高校要大力加强与用人单位的合作,为学生创造更多实习实训的机会和平台,在教学计划或课程设置中向校外实习作一定的倾斜和提供支持;鼓励学生积极参与社会实践,锻炼实践能力和操作技能;加强产学研合作,开展订单式培养,校企合力,协同培养符合市场需求的高素质人才。

---

① 房宁,夏爽,李鑫甜.本科生与硕士研究生就业竞争力比较研究——基于学生认知和用人单位评价两个维度[J].辽宁广播电视大学学报,2020(4):87-90.

6.第三方评估机构评价

第三方评估机构评价对促进高校办学质量的提升具有积极意义。它是由除学校、政府外的第三方社会机构对高校的办学质量进行外部监督和评价,通过发挥第三方评估的客观性、全面性和独立性等优势,为高校发展提供科学决策和合理化建议。引入第三方评估机构,实现了从学校内部评价、政府评价向社会评价的积极转化,是全面推进高校教育"管办评分离"的重要路径,通过发挥第三方评估机构的专业监督质量评价作用,营造推动高校教育良性发展环境①。

第三方评估机构在对高校学生进行评价时,具有辅助性和规范性特点,评估过程应具有规范性和计划性,评估的每个维度皆有相对应的指标②。评价应连续且有效,包括周期性评估和年度审核调查。评价应以解决高校在学生培养中存在的问题为目的,同时要充分体现学生的诉求,评价指标的制定应有学生代表参与。

我国第三方评估机制并不完善,第三方评估机构的现状也不理想,缺乏相应的法律基础和规章制度,其独立性、标准性、科学性、专业性、权威性等都有待提升。高校对第三方评估机构的引入需要政府的审定、大力支持及引导,由政府审定教育评价行业的准入制度,制定相应行业标准、人才标准,审定资质,同时开放教育评价第三方机构的服务渠道,逐步推广、扩大第三方评价。第三方评估机构自身也应立足于推进教育事业的发展、致力于学生终身发展,推动教育质量的提升,加强理论探索,提高评价的信度、效度③。

7.家长评价

家长评价可以从家长的角度了解学生的成长动态,将学校教育与家庭教育有机结合起来。对于家长来说,要积极鼓励和引导学生结合自身

---

① 吕博.高校管理第三方评估的理论价值及公信力构建途径[J].公关世界,2020(12):115-117.
② 李先军,陈琪.英国私立高校第三方评估模式及其借鉴[J].重庆高教研究,2019,7(5):104-116.
③ 张玉莹.普通高中学生德育评价现状、问题与策略研究——以S市为例[D].广州:广东技术师范大学,2023.

兴趣、爱好、能力和特质,找到并打造自身的优势,不把学历当作提高就业竞争力的唯一资本;结合社会现实需求,培养学生吃苦耐劳、坚韧不拔的意志品质,关注但不包办,鼓励但不骄纵①。

另外,高校在进行多元化学生评价时,要注意各主体间的协同配合。首先,要合理划分各主体的责任权限,建立上下贯通、内外结合的协同机制,形成各评价主体实质性参与的共治局面。其次,要搭建沟通交流的平台。既要做到各方评价标准的综合化,又要注重各方评价的协同性,让各方评价主体或内隐或外显的人才需求达到基本一致②。同时,要加强学生评价的专业人才队伍建设,开展新时代高校学生评价理念与新技术的培训,深入推进高校学生评价改革的新举措,提升高校学生评价能力素养及专业化水平。

(三)学生评价程序

当前,高校学生评价多是自上而下开展,从学校层面设计评价方案,学院负责组织实施,学生、教师、学院等作为评价主体参与,属于校内评价的范畴,校外评价较少涉及(如用人单位评价、第三方评估机构评价、家长评价等)。国内高校在学生评价上流程大致相同,包括评价方案设计、评价素材收集、评价结果运用三个环节。

1.评价方案设计

德智体美劳全面发展是高校育人的最终目的。在学生评价方案设计中要深入贯彻落实"全面发展"的要求,以德为先、能力为重,促进学生身心健康、全面发展;完善综合素质评价体系,构建包括学生、教师、学院、用人单位、第三方评估机构、家长等多元主体参与的评价网络;树立发展性评价理念,把握关键评价内容,构建学生德智体美劳全要素横向评价以及

---

① 房宁,夏爽,李鑫甜.本科生与硕士研究生就业竞争力比较研究——基于学生认知和用人单位评价两个维度[J].辽宁广播电视大学学报,2020(4):87-90.
② 王渊,许德华.三维一体推进新时代高校学生评价改革[EB/OL].(2023-12-04)[2024-04-01].https://www.gmw.cn/xueshu/2023-12/04/content_37006729.htm.

学生各年级学习情况全过程纵向评价的学生立体评价维度。

考虑学科及专业的差异,高校对不同学院、不同学科专业的学生进行评价时应有所区分。结合学科发展定位及特点,允许评价指标、体系存在差异。尊重不同学科专业学生的成长发展规律,制定合适的考核周期和方式。最终形成以高校整体学生培养目标为纲领,体现各学院、各学科特征的差异化学生评价方案。

2.评价素材收集

对评价素材进行全方位、全要素、全周期的收集,是确保学生评价结果真实有效的关键。学生评价主体具有多元化的特征,包括学生自评、学生互评、教师评价、学院评价、用人单位评价、第三方机构评价、家长评价等,各个主体的评价内容和侧重点各不相同。高校应在明确多元评价主体参与的前提下,综合运用不同的评价方式,发挥其各自优势,对学生信息进行全面综合的收集,以便对学生作出更加客观、公正、全面、立体的评价。如教师对学生学习情况进行评价时,除了学期末的结果性评价外,还需要注重过程性评价的运用,关注学生在课堂上的实际表现以及课外学习情况,除收集学生学习的全过程信息外,还要注重对学生进行增值评价,关注学生一段时期内的成长与发展。

在评价素材收集的过程中,要加强信息化建设的顶层设计及新技术运用,积极探索人工智能、大数据、物联网等现代技术手段与学生评价的深度融合,数智赋能学生立体综合评价体系。创新评价工具,构建学生成长平台和学生评价分析平台等,全面收集学生在各年级学段以及学生德智体美劳方面的各类信息,为评价提供全面、精准、客观的数据采集与分析基础,提升学生评价的科学性、专业性、客观性,促进评价常态化、长效化。

3.评价结果运用

高校开展学生评价的目的是促进学生成长成才,为学校教育事业发展服务,推动实现学生发展的最优化和大学教育功能的最大化。在大学阶段,除了要关注学生知识、技能学习掌握的情况外,还要关注其德智体美劳全面发展以及个性化发展情况。通过学生评价结果的反馈,学校要引导学生客观认识个人发展状态及不足之处,促使其自我认识、反思、提高,指导学生合理分配自己在促进德智体美劳全面发展各个方面的时间与精力,调整发展思路和努力方向。

高校学生评价结果还能为学校教育管理与决策提供依据,为学校招生制度改革、学生培养、评优评先、实习实训、创新创业、就业深造等方面提供客观依据。因此,高校要注重对学生评价结果的运用,及时将结果反馈给各利益相关群体,充分发挥评价的导向、鉴定、诊断、调控和改进的功能,达到"以评价促发展"的目的。如,将评价结果反馈给学生,促进学生个人的提升和进步;反馈给教师,促进教师教学方式方法的改进;反馈给学校,为学校教育管理改革提供客观依据等。学生个人的成长依托于学校的相关资源,学校要为学生的成长成才提供更好的平台,积极主动地引导学生全面发展和个性发展,将学生个人的发展纳入学校教育管理的范畴,以实现学校与个人的共同成长。

三、高校学生评价的主体内容

习近平指出,培养什么人、怎样培养人、为谁培养人是教育的根本问题,也是建设教育强国的核心课题。我们建设教育强国的目的,就是培养一代又一代德智体美劳全面发展的社会主义建设者和接班人,培养一代又一代在社会主义现代化建设中可堪大用、能担重任的栋梁之材,确保党的事业和社会主义现代化强国建设后继有人。高校学生评价的主体应包含对学生德智体美劳的全要素评价,坚持面向人人、因材施教、知行合一,坚决克服"唯分数"的顽瘴痼疾,改变用分数给学生"贴标签"的做法。

(一)德育评价

人无德不立,育人的根本在于立德。德育是学生全面发展的基础,在德智体美劳"五育"中,德育始终处于统领地位、核心地位。它不仅居于

"五育"之首,贯穿于其他各育之中,而且在实践中决定和引导着其他各育的发展方向。推进学生评价改革,高校要坚持"以德为先",把德育贯通于其他各育之中,引导学生坚定理想信念,厚植家国情怀,加强品德修养,服务现实社会[①]。

1.激发主体活力

德育本质上是人类精神的一种自律,需要行为主体具有道德自觉,发挥道德主体作用[②]。高校学生德育评价的最终目的是促进学生个体道德的发展和完善,满足学生个人成长和自我生存的需要。评价若想真正取得实效,单纯依靠强制性和限制性措施是不够的,须唤起学生内心深处的道德主体性,培养道德主体意识和道德实践精神。评价过程中,应充分调动学生的主观能动性,构建道德激励机制,使学生积极主动地参与到德育评价当中来,拥有参与评价的持久驱动力。

2.强化运行监督

当前我国高校德育评价运行过程中存在"六重六轻"的问题,即重教师评价,轻学生评价;重道德认知,轻道德行为;重理论灌输,轻道德熏陶;重学校课堂,轻校外课堂;重规范评价,轻发展评价;重眼前效益,轻长远发展[③]。运行机制的不完善使学生德育评价存在片面性、简单性等问题,对评价的有效性造成影响。因此,德育评价需要冲破这种传统的惯性思维,完善其运行机制。确立多元评价主体,改变传统的只有教师进行德育评价的现状,让利益相关者,如学生、家长、用人单位等都参与进来,打破传统德育评价的封闭性、信息来源渠道的单一性以及评价主体自身认识的局限性,提高德育评价的信度和效度;综合运用多种评价方式,注重客观性评价与主观性评价、结果性评价与过程性评价、量化评价与质性评价

---

① 王蕊.准确把握新时代高校学生评价改革的几对辩证关系[J].中国高等教育,2022(19):50-52.
② 陆启越.高校德育评价范式转换研究[D].长沙:湖南大学,2018.
③ 李卫英.高校德育评价的误区与理性审视[J].华南理工大学学报(社会科学版),2008(3):64-66.

等多种评价方式的结合运用;注重信息的全面收集,运用多种信息化技术手段,全方位、多角度地收集和分析学生德育信息,提升德育评价的准确性。

为保障评价的有效进行,高校学生德育评价还需要建立强有力的监督机制,加强对各行为主体以及各类媒体的监督和约束,使德育的监督、激励、教育和评价形成一种相互渗透、相互作用的联动工作体系,为德育评价的顺利进行提供良好的舆论、文化和环境支持。

3.健全长效机制

高校作为大学生德育的主要场所,应遵循学生成长规律,积极构建导向正确、内容丰富、形式多样、持续开展的德育工作体系,真正实现"全员、全过程、全方位"的育人目标,保障德育的实际效果。坚持立德树人的根本目标,以理想信念为核心,以社会主义核心价值观为引领,统筹培养方案、育人过程、课程教学中的各种资源和力量,形成具体的从校内到校外、从第一课堂和第二课堂到网络课堂的有效的育人活动,从而把道德价值引领全面贯穿于教育教学全过程和校园活动的各环节,形成全员行动、全过程育人、全方位参与格局,形成教书育人、实践活动育人、管理服务育人、校园文化育人等的长效机制[1]。

(二)智育评价

大学生作为社会主义的建设者和接班人,既要有高尚品德,也要有真才实学。智育评价主要是对学生的学业水平、文化素质进行评价,是以教育目标为依据,运用恰当的、有效的评价方法,系统地收集学生的学业信息,科学地进行分析处理,并对学生学业的变化进行价值判断。高校学生评价体系中对智育的评价,直接体现在高校对学生知识技能(专业知识、专业能力和知识应用能力)和创新能力(学术研究能力、科技竞赛表现、创

---

① 朱曼,李洁明.新时代大学生德育养成的创新路径探究[J].智库时代,2019(45):51-52.

新创业能力)方面的具体要求,是影响大学生能否成长为社会主义合格建设者和可靠接班人的关键[①]。

1.完善多维评价体系

现代科学技术发展呈现出高度分化又高度综合的显著特点,新学科、新分支、新门类不断涌现,不同学科之间的关联性不断增强,彼此之间交叉、互渗、融合,推动新学科、新技术的发展。在这种情况下,任何人都不可能成为万能科学家,而只能聚焦研究方向努力成长为专门人才。因此,评价大学生不仅要关注其对学科必需的基础理论知识的掌握情况,也要关注其知识面拓宽的情况,以及其科学素养和文化素养水平。

《深化新时代教育评价改革总体方案》中指出,要"完善过程性考核与结果性考核有机结合的学业考评制度,加强课堂参与和课堂纪律查查,引导学生树立良好学风"。目前,国内大部分高校虽提出了评价方式的多元化,但在对学生进行智育评价时往往通过标准化考试成绩来衡量。主要表现为结果性评价依然在高等教育质量评价中占有主导地位,过程性评价的应用程度有限,评价过多地强调结果而忽视了对过程的监控。因此,高校要完善相关的智育评价制度,制定科学的学生智育评价体系,在以学业成果为主的评价基础上,适当提高过程性评价比重。在数据收集过程中,积极运用各种新技术、新方法。同时严格学业标准,严把出口关,严肃处理各类学术不端行为。

2.构建多元评价框架

在对学生进行智育评价的过程中,要关注学科差异,构建多元化的评价框架。如今学科之间的渗透虽然日益紧密,但学科间的差异仍然明显,学科差异应该成为高校学生智育评价的重要依据。目前我国智育评价中同质化和标准化的倾向明显,具体体现在不同学科与专业的评价界限和

---

① 张乐乐,陈恩伦.新时代高校大学生评价体系建构:理念、原则、要素与框架[J].现代教育管理,2021(7):89-96.

差异性不显著,各学科的评价内容缺乏明显区分,学科特性不够突出,且学科间的评价框架趋同。

因此,要积极构建基于学科的多元评价框架,使评价框架符合学科特点以及学生评价需求。以经济学专业为例,该学科具有数据化的特点,量化数据是经济学学科最终实践结果的呈现方式。因此,经济学类专业的评价框架应与数据建立紧密的联系,突出数据在评价框架中的应用①。同时,要发挥评价的诊断和导向功能,对学科评价框架进行优化。

3.注重创新能力培养

2010年教育部发布的《教育部关于大力推进高等学校创新创业教育和大学生自主创业工作的意见》中提出,要"在高等学校中大力推进创新创业教育……以提升学生的社会责任感、创新精神、创业意识和创业能力为核心"。2015年,国务院办公厅发布的《国务院办公厅关于深化高等学校创新创业教育改革的实施意见》中提出,"各高校要设置合理的创新创业学分,建立创新创业学分积累与转换制度,探索将学生开展创新实验、发表论文、获得专利和自主创业等情况折算为学分"。高校智育评价中应注重对学生创新能力的培养,对学生创新创业实践进行考核,将学生创新精神、创业意识和创新创业能力等作为评价的重要指标。

高校要抓住学生智育评价的关键环节,注重对学生创造力的培养。要进行及时有效的课堂评价,促进学生积极主动思考,激发学生的内在创造动机;在课程结业考试中灵活考查学生的创新能力,将创新思维与基础知识、实践能力有机结合,激发学生的创新意识和创新追求。将学生参与创新创业的实践活动纳入学业评价体系之中,如学生参与创新创业大赛、讲座、论坛、模拟实践等,鼓励学生学习创新创业知识、丰富创新创业体验,提升学生的创新精神和创业能力。

---

① 陈凤.OECD高等教育学生学习成果评价研究[D].重庆:西南大学,2019.

（三）体育评价

2020年，中共中央办公厅、国务院办公厅印发的《关于全面加强和改进新时代学校体育工作的意见》中指出，"学校体育是实现立德树人根本任务、提升学生综合素质的基础性工程，是加快推进教育现代化、建设教育强国和体育强国的重要工作"。要坚持健康第一的教育理念，充分发挥体育在高校立德树人中心任务中的作用。高校学生体育评价不仅包括学生对体育知识、技能的掌握，还包括健康教育、体育品德等维度。

1.关注学生身心成长

《关于全面加强和改进新时代学校体育工作的意见》中指出，体育"对于弘扬社会主义核心价值观，培养学生爱国主义、集体主义、社会主义精神和奋发向上、顽强拼搏的意志品质，实现以体育智、以体育心具有独特功能"。高校学生体育评价，应关注学生的身心成长，包括对学生身体素质和心理素质两方面的评价。其中，身体素质主要是指大学生应达到的健康体质标准，包括坚强的身体耐力、环境适应力、合理的生活习惯、清洁的个人卫生等；心理素质主要是指大学生应达到的正常的智力、良好的性格、较强的心理适应能力、健康的心态、积极的情感、适当的行为表现等[1]。

2.关注学生个体差异

目前高校体育评价中普遍存在考评机制固化的现象，对学生的评价仍然基于学生在特定体育项目中的表现，过于注重测试结果，而忽视了学生的个体差异，有失公允。对那些身体素质和体育基础水平差的学生来说，难以激发其对体育运动的信心和热情，甚至使其抗拒体育活动。因此，在制定学生评价标准时，应关注学生的个体差异，探索开展增值评价，动态把控学生不同阶段内的发展情况，对学生的进步及时给予反馈和褒奖，点燃学生的锻炼热情，引导学生养成良好的运动习惯和健康的生活方式。

---

① 张同怀.浅析大学生身心素质的培养[J].教育探索,2014(6):142-143.

3.健全体育评价制度

《深化新时代教育评价改革总体方案》提出,要"建立日常参与、体质监测和专项运动技能测试相结合的考查机制"。高校要健全学生体育评价制度,通过各种措施保障学生的日常参与,聚焦"学会""勤练""常赛"。如开设不同项目的体育课程,满足不同学生的不同需求;注重课程学习内容与实践相结合,指导各类学生体育社团开展日常活动,拓展体育锻炼;开展运动会和各类比赛,让学生学以致用,体会到体育的乐趣;开展常态化的学生体质监测以及专项运动技能测试,帮助学生了解体质测试的意义和目的,对各类专项运动的锻炼方法和注意事项等进行宣传教育,提高学生的锻炼意识。同时,把学生日常参与、体质监测、专项运动测试、社团实践、体育比赛等纳入评价体系,对学生的体育素养进行综合评价。

(四)美育评价

2020年,中共中央办公厅、国务院办公厅印发的《关于全面加强和改进新时代学校美育工作的意见》中指出,"美是纯洁道德、丰富精神的重要源泉。美育是审美教育、情操教育、心灵教育,也是丰富想象力和培养创新意识的教育,能提升审美素养、陶冶情操、温润心灵、激发创新创造活力"。高校美育应"以立德树人为根本,以社会主义核心价值观为引领,以提高学生审美和人文素养为目标,弘扬中华美育精神,以美育人、以美化人、以美培元,把美育纳入各级各类学校人才培养全过程,贯穿学校教育各学段,培养德智体美劳全面发展的社会主义建设者和接班人"。

1.强化理念先行

2018年,习近平在给中央美院老教授的回信中强调:"做好美育工作,要坚持立德树人,扎根时代生活,遵循美育特点,弘扬中华美育精神,让祖国青年一代身心都健康成长。"构建新时代高校学生美育评价体系应以"立德树人""全方位育人"等理念为指导,将其贯彻评价过程的始终,注重对大学生美育实践以及人格修养的评价。评价体系中应既包括对学生参加艺术审美实践和练习艺术专项特长的评价,又包括对大学生道德品质与人格修养的评价。高校要充分挖掘本地特色美育资源,将其融入高校美育工作,引导学生掌握当地特色艺术,提升学生的审美素养,扩展学生的美育知识储备,帮助大学生自觉成长为审美崇高与人格高尚的社会主义建设者和接班人[1]。

2.着力过程评价

高校学生美育评价,以"提高学生审美与人文素养"为目标,更适合过程性评价方法,注重结果的总结性评价并不适用。美育就是而且必须是在审美活动与美感体验过程中进行,审美素养也只有在这个过程中才能体现出来,其最适合的评价方式就是过程性体验式评价,否则测评的已非艺术素质,更非审美素养,而是知识和情感的回忆结果[2]。总之,"体验式、过程性评价"才是美育评价最适合的方法,它需要让被评者进入具体审美活动情境,调动各种感官,与对象互动,唤起深度情感,形成共情,获得审美享受并提升美感体验和审美素养[3]。

高校要加强学生美育过程性评价,建立学生美育评价档案,对学生从入学到毕业的审美素养进行持续性的跟踪评价,通过纵向比较,准确把握学生审美与人文素养的提升情况。此外,还要注重对评价结果的反馈,着重发现学生的优点,对存在的问题和原因提出相应的改进意见;注重增值评价方法的运用,在充分尊重个体差异的基础上,切实地判定个体的发展、长处和不足,扬长避短、因材施教,适当减轻学生在与他人比较和在群体统一评价中的压力[4]。

---

① 咸国军.新时代高校美育评价体系建设探析[J].上海教育评估研究,2021,10(4):7-12.
② 赵伶俐,文琪.以审美素养发展为目标的美育评价[J].湖南师范大学教育科学学报,2021,20(3):22-29.
③ 赵伶俐,经刚.美育评价智能化平台与实验教室建构——基于美育教学与美感体验过程[J].华东师范大学学报(教育科学版),2023,41(6):92-107.
④ 赵伶俐,文琪.以审美素养发展为目标的美育评价[J].湖南师范大学教育科学学报,2021,20(3):22-29.

3.注重技术支撑

高校学生美育评价内容丰富且数据庞杂,传统的评价方式难以全面覆盖,在美育评价中引入大数据等信息技术手段成为必然,不仅能为多方主体共评建立条件,还可以更加真实客观地反映学生的美育达成度。高校应积极运用最新的信息技术手段搭建美育育人平台,将教师和学生、教学和教学资源有机结合起来,收录教师授课内容、课堂成果反馈、学生课程成绩、课堂纪律情况、校园美育活动参与情况等信息,最终形成学生的个人美育档案,生成可视化的美育评价结果。

(五)劳动教育评价

《中共中央 国务院关于全面加强新时代大中小学劳动教育的意见》指出,劳动教育是中国特色社会主义教育制度的重要内容,直接决定社会主义建设者和接班人的劳动精神面貌、劳动价值取向和劳动技能水平。高校学生劳动教育评价,应以高校为主导,联合家庭和社会等各方力量,针对新时代高校劳动教育的特点,依据劳动教育的目标和要求,合理运用科学的评价标准、方法和机制,对大学生劳动教育进行监测、纪实评价与反馈[1]。

1.重塑劳动教育理念

高等教育是直接面向职业的教育、直接通向工作和劳动岗位的教育,每个专业的教育,都带有劳动教育的性质[2]。劳动作为人类最基本的活动形式,是人全面发展的基础。高校劳动教育可在德智体美四个方面促进大学生成长,是大学生自我实现、自我发展的重要路径。在具体开展劳动教育的过程中,应深刻理解和把握新时代劳动教育的崭新意蕴,注重对劳动教育理念的重塑。

---

[1] 李天骄.新时代大学生劳动素养评价研究[D].哈尔滨:东北农业大学,2022.
[2] 曲霞,刘向兵.新时代高校劳动教育的内涵辨析与体系建构[J].中国高教研究,2019(2):73-77.

以"五育融合""五育并举"理念为指引,发挥劳动教育在育人质量提升中的重要作用。将劳动教育与其他"各育"融通起来,进行全方位、全过程式的贯穿渗透,让劳动教育在德育、智育、体育和美育中无时、无处不在。具体来讲就是"劳育引领,诸育融合",以劳动教育为引领,实现"以劳树德、以劳增智、以劳强体、以劳育美、以劳创新"[①]。

树立"人的全面发展"理念,提升学生综合素质。高校在进行劳动教育的时候,要坚持大学生全面发展的目标,帮助学生树立正确的世界观、人生观和价值观,养成热爱劳动的习惯,不仅要在劳动中掌握技术、提升技能,还要在劳动中增强体魄、磨炼意志,使学生的主体性得到充分发挥,不断丰富自身的精神世界,不断提升自己的综合素质,最终实现人的全面发展。[②]

2.科学设定育人课程

时代发展对高校学生劳动教育提出了新的要求和挑战,大数据、人工智能等现代网络新技术的发展和运用,使人们的生产生活方式随之发生深刻改变,劳动形态也随之发生巨大变化。新时代的科技创新和技术攻关离不开创新性劳动,高校学生作为国家和民族的未来,需要不懈奋斗、勇攀高峰,肩负起推动国家繁荣和社会进步的时代重任。高校学生劳动教育的开展,不能仅仅局限在传统劳动教育层面,要结合新时代对劳动教育的新要求,围绕创新创业展开。针对不同年级、学科和专业,积极组织学生实习实训、社会实践,注重培养学生对新知识、新技术、新方法等的应用能力,创造性地解决现实问题,增强学生的诚实劳动意识,帮助学生积累职业经验,提升就业创业能力,树立正确择业观。

3.构建多维评价反馈机制

高校学生劳动教育评价要构建多维评价反馈机制。注重多种评价方

---

① 李政涛,文娟."五育融合"与新时代"教育新体系"的构建[J].中国电化教育,2020(3):7-16.
② 徐溪远.新时代大学生劳动教育研究[D].西安:西安理工大学,2017.

式的综合运用,全面收集学生的评价信息,如过程性评价可以对学生在劳动实践过程中的表现进行实时记录,结果性评价可以直观反映学生参与劳动实践活动所取得的劳动成果,增值性评价可以了解学生在一段时间内的具体变化等。及时将评价结果反馈给各利益相关群体,如学生、教师、学校、用人单位、社会等,构建多维评价反馈机制,积极发挥劳动教育评价的导向、反馈、激励等功能。

四、高校学生评价的组织实施

高校学生评价的组织实施是在构建评价体系框架的基础上,从健全评价组织机构、设计评价实施路径和构建评价实施策略等方面进行的实际操作和具体实践。因此,要健全高校学生评价的组织机构,明确其职责范围;围绕学生评价的体系框架设计评价的内容和操作方案;基于高校学生评价的重点与难点,构建评价实施策略。

(一)组织机构

高校学生评价组织机构主要包括各类行政主管机构和相关学院,是学生评价的组织者、管理者,负责制定科学合理的评价政策、建立公平公正的评价程序、做好评价管理服务与监督、实施具体的学生评价、审定并使用评价结果等方面。

1.学生分级评价组织机构

组织机构是高校开展学生评价的载体,其科学分级是确保学生评价工作顺利开展的基础和保障。对学生进行分级评价的组织机构,一般包括"学校—学院(系、部)—班级(年级、专业)"三级。

(1)学校

学校层面的学生评价组织机构主要包括相关职能部门,在学生评价工作中发挥组织、管理、服务作用。党委学生工作部(学生工作处)和党委研究生工作部（研究生院）一般作为高校组织实施学生评价的牵头部门，教务处、团委、招生就业处、信息办等是协同部门。

学校层面，需要制定适用于所有本科生、研究生（硕、博）的学生素质综合测评方案及相关制度。这个过程需要党委学生工作部（学生工作处）、党委研究生工作部（研究生院）、教务处、团委、招就处等相关职能部门相互协同，涉及德智体美劳等方面的具体内容最好能邀请相关学院（如体育学院、教育学部、艺术类学院等）的专家共同参与制定，同时可考虑邀请学生代表及校外评价主体（如用人单位代表、第三方评估机构、家长代表等）共同参与。学校层面出台的方案和制度，主要把握总体方向，具体细节不作详细规定，适当放权，留给学院自主发挥的空间。

（2）学院（系、部）

学院是构成大学的最基本的教学和行政单位，是学生学习、生活、实习实践等的直接载体，负责学生评价工作的具体实施。学院需依据学校关于学生评价的相关方案和制度，结合本学院的学科特色，制定适合本学院的测评办法，报学生工作部或研究生院审核备案。

学院在进行具体的学生评价工作时，应成立学生素质综合测评工作小组，负责组织实施本院学生素质综合测评工作，监督并裁定测评过程中出现的相关问题。组长一般由学院党政主要负责人担任，成员一般应包括专任教师代表、班主任或辅导员代表、学生代表。测评领导小组可考虑下设协调秘书，由学生工作办公室经办人担任。

（3）班级（年级、专业）

班级是学生评价的基本组织单位，除班级外，还可考虑以年级或专业为基本组织单位。测评中应同时发挥党、团支部作用。各班级应成立学生素质综合测评小组，由班主任、辅导员任组长，班长、团支书、党支书和学生代表任小组成员，准备综合测评所需要的必要材料，完成综合测评所必需的所有步骤。

2.学生分类评价组织机构

学生分类评价组织机构主要是指和德智体美劳各方面评价相关的职能部门以及相关学院。以西南大学为例,党委学生工作部、党委研究生工作部分别负责制定本科生和研究生素质综合评价方案和规章制度,是学生评价的总体牵头单位,同时负责德育评价;教务处、研究生院负责学生的智育评价;校体委办负责学生的体育评价;教务处负责学生的美育和劳动教育评价。目前,高校对学生分类评价的组织机构体系并不统一,除德育评价、智育评价、体育评价的实施机构相对明确外,美育和劳动教育评价的组织机构尚不完全清晰。

3.学生评价机构的协同

高校学生评价工作的顺利推进,需要强调协同观念,在各类组织机构之间建立协同机制,使工作更加简便高效、落实到位,避免增加基层负担。如,在学生素质综合考评办法的制订中,需要各相关单位、学院以及校外评价主体共同参与,从而制定出内容翔实、考虑全面、切实可行的制度文件,为各学院学生评价的具体实施提供指导;在学生分级评价时,需要学校、学院、班级各个层面相互配合协同,使评价工作顺利开展;在学生分类评价时,需要各行政单位、相关学院、校外评价主体共同发力,对学生德智体美劳等进行全面而综合的评价。

高校学生评价,应加强顶层设计,可成立学生评价专门委员会,由校领导牵头,各行政部门和相关学院负责人担任委员,同时可考虑邀请学生代表以及家长代表、用人单位代表、第三方评估机构等校外评价主体参与。学生评价的重要工作需经委员会审议通过后再具体实施,使学生评价工作的开展更加有组织、有指导、有依据、有实效。

(二)路径遵循

高校学生评价的实施有两种路径,一种是延续基础教育阶段学生评价的常用模式对学生的基本素质和学业成绩进行评价,一部分高校补充了对学生实践能力（或创新创业能力）的评价，把对高校学生德智体美劳的评价要素融入其中。一种是按照《深化新时代教育评价改革总体方案》的要求，对学生的德育、智育、体育、美育、劳动教育分别进行指标体系设计，构建综合评价的新模式。目前，高校学生评价仍以第一种路径为主。以北京大学为例，北京大学制定了《北京大学学生综合素质测评试行办法（或指导意见）》，该办法具有通用性，适用于全日制本科生、第二学士学位学生、硕士研究生以及博士研究生。各学院以此为指导，结合学院的具体情况，制定具体的实施细则。具体的测评内容包括基本素质、学业学术、实践能力三部分，测评结果由三部分加总。基本素质测评包括思想政治、行为规范、学习态度和身心健康四个方面，学业学术测评包括学业成绩和学术科研两方面，实践能力测评包括社会工作和实践活动两方面。从其中可以看出，学生的德（思想政治、行为规范、学业成绩）、智（学习态度、学业成绩、学术科研、实践能力）、体（学业成绩、身心健康）、美（学业成绩、实践活动）、劳（学业成绩、社会工作、实践活动）各方面的要素都融入其中。该路径操作起来比较简单，在原有的评价模式基础上，融入并丰富德智体美劳的元素即可。但是无法做到对学生德智体美劳各方面情况的直观评价，且很难保证各要素评价指标的合理占比。

　　严格按照《深化新时代教育评价改革总体方案》构建德智体美劳全面发展的学生评价模式的高校较少，且还处于摸索尝试的阶段。以中南林业科技大学理学院为例，学院依据《普通高等学校学生管理规定》和《中南林业科技大学学生手册》，结合理学院实际，制定《理学院本科生综合素质测评实施细则》，坚持学业为主、全面发展、五育并举和公平公正公开的原则，采取定量测评与定性评价、纪实测评与综合评议相结合的方法，对学生德智体美劳进行全面考核。德育素质主要考查学生在政治觉悟、思想水平、道德品质、学习态度、心理素质和法纪观念等方面的综合表现，以学生集体或个人在助人为乐、见义勇为、诚实守信、尊老爱幼、公共服务、文明创建等方面获得奖励或受表彰情况为依据。智育素质主要考查学生在学习能力、创新创业能力等方面的综合表现，以学生在上一学年的学业成绩和创新创业成绩为测评依据。体育素质主要考查学生的健康知识、日常参与、体质水平、运动技能等方面的综合表现,课外体育活动成绩以学生集体或个人在各级各类体育活动或竞赛中取得的成绩或奖励为依据。美育素质主要考查学生的文化理解、审美感知、艺术表现、创意实践等核心素养,以学生参与文化艺术实践与竞赛等情况为测评依据。劳动教育素质主要考查学生劳动观念、劳动能力、劳动精神、劳动习惯的品质,以学生集体或个人在日常劳动和服务性劳动两方面的表现为依据。该路径能够直接对学生的德智体美劳展开评价,评价结果更具有针对性。但需要构建全新的学生德智体美劳评价框架、制定全面的评价指标、设定合理的要素占比,综合性评价实施起来相对复杂,且需要加强实践探索和经验总结。而且"五育"是相互关联的整体,评价指标中有些可以独立实施,有些互相融合,需要厘清指标间的内在关系。着力于评价标准和指标体系化、层次化、结构化,既要包含已有的"一育指标",更要有"五育融合指标"。这一评价标准的建立,是国家层面的任务,单靠个别学校的单打独斗是行不通的,结果也不具有普适性。教育主管部门要发挥"五育融合"标准制定、"五育融合"质量监测及发布的职能,尽快组建拟定"五育融合"标准的"国家队",加快相关指标的研制①。

(三)实施策略

政策制定、学院考核、数智赋能是与高校学生评价相关的三个重点难点领域,需要分析其中存在的难点问题,制定切实可行的实施策略,以促进高校学生评价质量的提升。

1.学生评价与政策制定

学生评价的开展需要高校提供制度层面的保障,事关学校人才培养方向,有什么样的评价指挥棒,就有什么样的培养导向。各高校要以国家相关规章制度为引领,结合自身办学特色,集结多元化评价主体,共同制

---

① 李政涛,文娟."五育融合"与新时代"教育新体系"的构建[J].中国电化教育,2020(3):7-16.

定适合学校发展的学生评价规章制度,发挥制度的保障功能。

学校层面应加强学生评价制度的顶层设计,出台学生综合素质考评办法、先进集体和先进个人评选表彰办法、奖学金评定办法和研究生培养评价、成果认定、奖助评价等系列指导性制度文件。同时,学校还需根据国家相关规章制度以及学校的指导性制度文件,完善德智体美劳各方面的相应配套制度,如制定学校体育工作行动方案、美育学分认定制度、劳动教育实施办法等,使学生评价更加有规可依。

目前高校学生评价制度中仍普遍存在以下问题:一是学生综合素质考评办法中,有关德智体美劳的评价指标体系构建不够精确,存在指标单一、比例不均衡等情况;二是学生德育评价缺乏相应的配套制度,没有明确的牵头单位,德育指标设置相对比较粗糙,评价时缺乏数据支撑,仍以师生的主观评价为主,使德育评价流于形式;三是学生智育评价制度仍以结果性评价为主,缺乏对学生的过程性、增值性等评价;四是对美育、体育、劳动教育方面的评价制度建设仍需加强,在课程建设、实践活动开展、教学研究支持等方面给予相应的政策保障。学生评价制度的完善是一个不断改进提升的过程,需要政府层面出台相应的指导性文件,各高校积极实践并总结推广学习经验,根据自身情况不断调整,形成最适合自己学校学生评价的"一校一策"。

2.学生评价与学院考核

学院作为学生学习、生活、实习实践等的直接载体,负责对学生素质综合评价方案进行细化以及学生评价的具体实施。学生的评价结果也主要运用于学院,如助力学院监测学生培养效果,及时把控教学方向;帮助教师及时调整教学内容或策略,提升课堂教学质量;方便学生及时发现自身不足,促进全面和个性化发展等。

学院在进行学生素质综合评价方案细化时,要统筹考虑,制定能全面反映学生德智体美劳各方面发展水平的综合指标体系,并合理配比。融入学院自身特色,不拘泥于统一标准,以能准确反映本学院学生的全面发展情况为要。学院要针对学生评价结果开展论证,对评价结果中反映出的问题及时予以修正,调整教学方向,切实提高学生培养质量。

教师在对学生课程学习情况进行评定时,要注重结果性评价与过程性评价、客观性评价与主观性评价等方式的综合运用;设定指标时,除了学生成绩、学生获得学分等结果性评价指标外,可设置学生参与度、学生作业完成度等过程性评价指标,还可考虑设置学生学习态度、进步情况、创新意识等主观性评价指标;在评价过程中应及时给予学生反馈和指导,发挥评价在学生成长中的促进、导向、激励等作用。

学生评价结果要及时反馈给学生本人。学生通过对评价结果的分析,可以全面了解自己在德智体美劳各方面的发展情况,由横向比较发现自己和同学之间的差距,由纵向比较了解一定阶段内自身学习情况及状态的变化,认可自己表现突出的方面以增强信心,正视不足之处以及时改进,促进自身全面和个性化发展。

3. 学生评价与数智赋能

当前,整个社会已经进入数字智能化时代,互联互通的教育技术、可视化、可计算的信息数据,为教育活动提供了更精准、更丰富的信息,数字化转型成为未来教育发展的必然趋势,这是当前时代赋予人类的福利。2019年,习近平总书记在致国际人工智能与教育大会的贺信中指出,"中国高度重视人工智能对教育的深刻影响,积极推动人工智能和教育深度融合,促进教育变革创新",为人工智能赋能教育发展提供了政策生长点。

高校学生评价要注重数智赋能。要在坚持立德树人原则的基础上注重数智赋能,充分利用现代信息技术创新评价方式,同时还要重视数智发展中的负面影响。首先,要创新学生评价工具。学生评价应依托智慧校园建设,积极构建学生评价平台,对学生德智体美劳各方面的数据进行实时且持续的采集、储存、传输,利用智能技术与算法模型将评价数据转换为多模态数据,建立评价数据可集成、可比较、可转换的等值通道,对数据进行综合的评价分析,全面了解学生在德智体美劳各个方面的表现,为学生、教师、学校、用人单位、家长等多元评价主体提供更加详细、具体的反馈。其次，要坚持立德树人根本任务。学生评价方式无论如何改变，都要坚守立德树人这一培养人的根本目标。"成才以成人为先"，任何教育都是要培养具备高道德水平的学生，在高校学生评价过程中，对这些即将步入社会、与国家和社会发展密切联系的大学生，更要着重考查其道德水平。警惕"算法黑箱"，搭建、设计、选择、运行、检测更新的智能绿色良性生态链，驱动评价技术发展新引擎，坚持评价工具和系统形态的公开透明运行，保证评价标准、算法设计、评价过程和结果解读的真实有效，消除歧视性评价。要高度重视隐私保护和数据安全，确保学生隐私不受侵犯，避免技术漏洞造成的数据误差以及其他可能引起评价结果不公的问题。

第三章

高校学生德育评价

　　德育评价是高校落实立德树人根本任务,全面推进"三全育人",构建"大思政"格局的重要组成部分。2020 年 10 月,中共中央、国务院印发《深化新时代教育评价改革总体方案》,把"改革学生评价,促进德智体美劳全面发展"作为重点任务,要求根据学生不同阶段身心特点,科学设计各级各类教育德育目标。实施《深化新时代教育评价改革总体方案》,既是制定符合时代要求的教育评价制度和机制的生动体现,又是新时代全面落实立德树人根本任务的题中应有之义,更是新时代我国德育评价改革的发展趋势和必然选择[①]。

　　开展高校学生德育评价,应率先构建基于马克思主义指导的中国特色高质量德育理论价值体系,为构建高质量德育体系提供理论支撑和行动指南[②]。开展高校学生德育评价,必须在把准正确的价值导向的基础上,紧紧围绕德育工作的六大核心要素,贯通学生成长成才的每一个阶段,协同德育实践的各方主体,全过程、多角度、立体式地建立德育评价的指标体系,形成纵向贯通衔接、横向协同合力、要素整体融通的高质量德育评价体系。同时,以"三个相结合"即日常评价和年度评价相结合、德育为先和一票否决相结合、表彰奖励和榜样示范相结合为实践路径,推动高校学生德育评价工作真正发挥示范带动效应。

---

① 陆启越.德育评价范式:内涵、类型及演变[J].大学教育科学,2021(1):78-84.
② 杨志成.论中国特色高质量德育体系的构建与实施[J].中国德育,2023(24):29-32.

一、高校学生德育评价的价值导向

德育评价在高校学生培养工作中起着"指挥棒"作用。新时代高校学生德育评价要与时俱进,在"三全育人"大格局下,从培养担当民族复兴大任时代新人的长远角度出发,适应国家社会经济发展的迫切需求①。因此,把准高校学生德育评价的价值导向,瞄准高校学生德育评价关键取向,是当前高校学生德育评价工作承担的重要任务。在具体实践探索方面,只有引领学生从思想上坚定理想信念,从行为上锤炼意志品格,从实践中增长本领才干,才能为助力实现中华民族伟大复兴提供可靠的人才保障②。

(一)引领学生坚定理想、凝聚共识

习近平总书记在2018年全国教育大会上提出新时代教育工作者要在六个方面"下功夫",其中首要强调"要在坚定理想信念上下功夫",为培养新时代青年阐明了意义、指明了方向。德育评价工作,究其根本,要从为党育人、为国育才的角度出发,抓住立德树人这一根本任务,紧贴国家及地区发展战略,引领学生坚定理想信念,积极投身中国式现代化建设。

1.树立共产主义远大理想和中国特色社会主义共同理想

习近平总书记寄语青年要"立志做有理想、敢担当、能吃苦、肯奋斗的新时代好青年"。"有理想"是成为新时代好青年所必须具备的首要条件。理想信念对于青年人而言能够指引方向、决定成败、提供动力。因此,树立共产主义远大理想和中国特色社会主义共同理想是高校学生德育评价的首要任务。

---

① 郭丽娟,李柳维娜."三全育人"视域下应用型高校德育评价改革探索[J].林区教学,2022(10):5-8.
② 高文苗.高校德育高质量发展的意义与方向[J].中国高等教育,2021(23):41-43.

第一，共产主义远大理想是中国共产党作为为崇高使命而奋斗的世界大党对人类社会的美好愿景。共产主义远大理想的理论基础源自马克思与恩格斯的伟大构想，是马克思主义理论的核心组成部分。它描绘的是一个超越阶级对立、贫富差距完全消失的社会形态。在这样一个社会里，生产力得到极大解放，劳动不再是剥削、压迫人们的生存手段，而是充分发挥个人潜力、实现自我追求的生活方式，真正实现了公平正义。高校德育评价应当以共产主义远大理想的美好愿景为最终追求，将其融入对青年学子的精神塑造中。

第二，中国特色社会主义共同理想是凝聚我国广大人民共同愿望的在当代中国的具体蓝图。中国特色社会主义共同理想基于马克思列宁主义基本原理，融入了中华优秀传统文化，是基于中国国情和发展的现实情况所提出的符合中国特点的现代化路径，融入了社会理想和个人理想，承载着中国共产党和人民的集体共识和价值追求。中国特色社会主义共同理想是关乎中国社会未来的美好愿景，是高校德育评价的引路明灯，旨在培育广大青年学子心系家国、胸怀天下的伟大格局。

第三，共产主义远大理想与中国特色社会主义共同理想二者并非孤立存在，是理论与实践的辩证统一关系。共产主义远大理想是中国特色社会主义共同理想的价值导向，具有深刻的精神内涵；中国特色社会主义共同理想是实现共产主义远大理想的具体方式和必经之路，充分说明着共产主义远大理想的现实性。二者互为支撑，相辅相成。高校学生德育评价应当充分体现共产主义远大理想与中国特色社会主义共同理想的辩证关系，在高校德育评价中实现二者有机融合。

要想充分发挥高校学生德育评价体系的价值导向作用，就必须深刻理解共产主义远大理想和中国特色社会主义共同理想的内涵，紧密贴合习近平新时代中国特色社会主义思想，高校学生德育评价必须站在中国梦的战略高度，鼓励青年学子将个人理想同国家前途命运相结合，将个人发展同国家强盛、民族复兴、人民幸福紧密结合。

2.以党的创新理论武装头脑

回顾党的百年奋斗历史,中国共产党始终紧密结合中国革命、建设、改革的具体实际,不断开辟马克思主义的新境界,形成了毛泽东思想、邓小平理论、"三个代表"重要思想、科学发展观等重大理论成果,推动中国特色社会主义事业不断向前发展。特别是党的十八大以来,以习近平同志为主要代表的中国共产党人站在新的历史方位,坚持把马克思主义基本原理同中国具体实际相结合、同中华优秀传统文化相结合,创立了习近平新时代中国特色社会主义思想,推动党和国家事业取得历史性成就、发生历史性变革。在高校德育评价过程中,只有坚持用党的创新理论武装学生的头脑,才能帮助学生树立正确的世界观、人生观和价值观,引导学生明辨是非,抵制各种纷繁复杂的错误思潮,在多元文化环境中坚守主流价值观,增强学生的社会责任感和使命感,自觉以促进国家建设、推动社会进步为奋斗目标。

第一,必须以习近平新时代中国特色社会主义思想为指导。习近平新时代中国特色社会主义思想为德育评价提供了正确的政治方向和价值导向,能够在复杂多变的社会环境中引导学生正确看待社会现象、国际关系中的诸多矛盾和问题。因此,高校应当将习近平新时代中国特色社会主义思想纳入德育评价体系,作为教育全过程的核心内容开展思想政治教育,通过研讨班、专题讲座等形式系统传授党的创新理论,使学生能深入把握理论要旨和精神内涵。

第二,必须实施新时代立德树人工程,促进学生全面发展。习近平新时代中国特色社会主义思想深刻揭示了立德树人的重大意义和根本任务,强调要培养社会主义建设者和接班人,为党育人、为国育才,服务中华民族伟大复兴。高校在德育评价中要不断深化改革,推进落实立德树人根本任务,坚持以德为先、能力为重、全面发展,坚持面向人人、因材施教、知行合一,拒绝唯分数论的评价方法,推动德智体美劳相结合的综合性评价。开展德育评价,就是要引领学生加强品德修养,培育和践行社会主义核心价值观,弘扬时代正能量,形成社会新风尚,营造向善向上的校园氛围;就是要引领学生厚植爱国主义情怀,深入学习贯彻习近平总书记关于爱国主义教育的重要论述,立报国强国大志向,做挺膺担当奋斗者,坚守国家至上的观念,为国家建设贡献力量。

3.为中国特色社会主义和中国式现代化建设服务

新时代青年是实现中华民族伟大复兴的先锋力量。高校德育评价改革必须立足国家发展和人才培养的现实需要,坚持对标中国式现代化建设目标,努力培养扎根人民、奉献国家、为中国特色社会主义和中国式现代化建设服务的新时代青年。

第一,引导学生培养优良品格,服务人口规模巨大的现代化。中国式现代化是人口规模巨大的现代化,人口规模巨大,决定了我国现代化必须是高度自立自强而不能是依附他人的现代化,必须走自己的路。德育评价必须以促进人的品格为先,引导学生发扬自立自强、刻苦奋斗、担当使命的精神,通过开展道德与法治教育、志愿服务实践、先进典型选树等方式,增强学生的知识素养、道德修养、法治观念、奉献精神和自强品格,提升人力资源总体质量。

第二,引导学生提升创新能力,实现全体人民共同富裕的现代化。步入新时代,中国式现代化面临着新困难、新问题。要解决城乡发展不平衡、区域发展不协调、收入分配不均衡的三大难题,实现全体人民共同富裕,关键在于提升创新能力。德育评价必须以促进人的能力提升为出发点,在理论教学和实践教学中着重培育学生的创新思维和创新能力,积极动员学生参加各类学科竞赛和社会实践,积极开展创新创业课程,深入新兴企业交流访学,鼓励学生在实践中创新解决问题的方式方法,助力城乡融合发展、区域协调发展,助推实现全体人民共同富裕。

第三,引导学生丰富精神世界,促进物质文明和精神文明相协调的现代化。物质富足、精神富有是社会主义现代化的根本要求。物质贫困不是社会主义,精神贫乏也不是社会主义。德育评价要抓好精神文明建设,将社会主义核心价值观纳入教育评价体系,大力弘扬社会主义核心价值观、中华优秀传统文化和共产党人的精神谱系等,引导学生关注精神世界的发展,注重从典籍中汲取养分,多读书、读好书,提升文化素养,提高精神境界,促进社会的物质富足和人民的精神丰盈共同发展。

第四,引导学生改变生活方式,实现人与自然和谐共生的现代化。尊重自然、顺应自然、保护自然,是全面建设社会主义现代化国家的内在要求。德育评价必须坚持"绿水青山就是金山银山"的理念,引导学生选择绿色、环保、可持续的生活方式,通过落实垃圾分类、节水节电、循环使用等项目推动建设"绿色校园",树立人与自然和谐共生的理念。

第五,引导学生开放思维,促进和平发展的现代化。当今世界正经历百年未有之大变局,要实现中国式现代化必须坚持"和平、发展、合作、共赢"的共识。德育评价必须引导学生开阔思维,通过开展辩论赛、研讨会等方式增强学生的观察力、思辨力、谈判力和调解力,形成和平化解争端的思维,引导学生参与国际交流与项目合作,以开放包容的心态对待文化差异,推进和平发展的现代化。

中国式现代化本质上是人的现代化。高校德育评价改革要实现为中国特色社会主义和中国式现代化建设服务的使命,就必须发挥德育评价促进人的现代化之作用,引导学生在优良品格、创新能力、精神世界、绿色生活和开放思维上不断发展,为实现中国式现代化奠定基础。

(二)引导学生锤炼品德、规范行为

青年是否健康成长,关乎中国特色社会主义事业是否后继有人。党的十八大以来,习近平总书记高度重视青年的健康成长,对"青年应当成长为怎样的人"多次提出具体要求。高校学生德育评价要牢记"为党育人、为国育才"的重要使命,充分引导学生树立正确的世界观、人生观和价值观,不断锤炼品德修为,规范自身行为,真正做到明纪、知纪、守纪,做一名社会主义事业的合格建设者和可靠接班人。

1. 提升思想素质和道德修养

青年是推动中国式现代化进程、实现中华民族伟大复兴的重要实践主体。马克思认为,青年是未来社会的希望所在,这注定了未来的革命事业需要由无产阶级的青年一代来完成①。德育在本质上就是培养"新时代好青年",它是发展健全高校大学生道德品格的实践活动。

习近平总书记曾勉励广大青年,"要锤炼品德修为……青年要把正确的道德认知、自觉的道德养成、积极的道德实践紧密结合起来,不断修身立德,打牢道德根基"②。随着我国社会主义现代化建设进入新的历史阶段,面对当今世界百年未有之大变局,新时代的青年将迎接前所未有的考验。在这一独特的时代背景下,青年应当不断加强政治理论学习,在学习中坚守理想信念,不断锤炼高尚品质,也要善于从中华民族传统美德中汲取道德滋养,从英雄人物和时代楷模的身上感受道德风范,从内省自身中提升道德修为。为此,青年学生应当积极参与理论学习、党史宣讲、学术沙龙、志愿服务、红色研学等社会实践活动,在求学之路上淬炼品德,在修身养性中砥砺学问。

第一,要引导学生强化思想素质。大学生的思想素质,不仅能预示个人未来发展的走向,还能间接影响中华民族的精神风貌。随着互联网和社交媒体的飞速发展,作为互联网原住民的青年一代,容易被网络的隐蔽性和虚幻性所影响,其思想行为和价值取向也会受到一定冲击。同时,许多学校试图通过开展思想品德实践活动完成德育任务,但由于存在"形式化""表面化"倾向,导致学生的思想素质教育的实效性大打折扣。面对纷繁复杂的社会现状,学校需要切实保障思想品德教育的质量,帮助学生"扣好人生第一粒扣子"。要改善部分学生仅有思想品德认知而行为不足的问题,就应当构建全方位、多层次的思想素质评价体系,将理论教学与社会实践紧密结合,通过持续深化思想素质教育改革,培养出一批既有深厚家国情怀,又具备国际视野的新时代好青年,为中华民族伟大复兴奠定

---

① 彭畅,王静.习近平关于青年成才重要论述的理论渊源探析[J].新疆财经大学学报,2022(1):26-34.
② 习近平.在纪念五四运动100周年大会上的讲话[N].人民日报,2019-05-01(2).

坚实的人才基础。

第二,要引导学生不断提升道德修养。道德修养是基于公序良俗,结合社会影响与个人思想所形成的一种特殊的价值规定,是个人精神品质、价值定位的内在体现。立德为先,修身为本,良好的道德修养是当代大学生成长成才的根本,是青年成长的基本规律①。高校要将道德修养纳入大学生德育评价体系,坚持以社会主义核心价值观为引领,促进大学生牢牢把握"第二个结合"的时代意蕴,善于融汇马克思主义思想精髓,使其能够从中华民族的优秀传统文化中汲取道德滋养,以此达到思想上的内化与行为上的外化,以实际行动践行"明大德、守公德、严私德"的精神。

2.遵守法律法规和行为规范

《高等学校学生行为准则》明确了高校学生行为规范的基本要求,为贯彻党的教育方针、推进落实立法育人和立德树人提供了重要保障,强调高校要培养学生遵纪守法的意识和良好的道德品质,指出高校学生要"遵纪守法,弘扬正气""诚实守信,严于律己"。高校学生德育评价要将遵守法律和纪律、学术诚信、知行合一作为评价高校学生的基本要求和重要标准,综合分析学生具体在校情况,加强学生遵纪守法意识,提高学生综合水平,为其成为社会主义合格建设者和可靠接班人奠定基础。

第一,遵纪守法,弘扬正气。新时代大学生作为社会发展骨干,是社会主义法治建设推进的核心力量。培育知法懂法守法意识,是推动实现当代大学生成长成才的基础。高校要将遵守法律和校规校纪纳入大学生德育评价体系,坚持以社会主义法治理念为指导,促进大学生增强法治观念,坚决维护宪法法律权威,认识和掌握社会主义法治建设中的基础法律知识,将法律知识与大学生所学专业有机结合,内化为自身的专业能力和知识储备;加强对大学生权利和义务意识的培养,培养大学生优秀的法治品格,培养大学生维护自身和他人权利的意识,自觉以法律为武器与不法行为作斗争。

---

① 习近平.培养德智体美劳全面发展的社会主义建设者和接班人[J].求知,2024(9):4-7.

第二,恪守学规,扬正学风。自从1981年我国实施学位制度以来,各高校按照《中华人民共和国学位条例》,以促进我国科学人才成长为目的来建立学位规章制度。但是随着招生人数的增加以及享乐主义等不良思想的影响,学术不端行为逐年增多,对我国学术形象造成不良影响。高校要将恪守学术道德规范纳入高校学生德育评价体系,以"坚持科学真理、尊重科学规律、崇尚严谨求实"为指导,进一步加强学术道德和学术规范建设。尤其要对学生学术行为规范作出明确规定,对于科研过程中选题、立项、执行、报告等全环节、科研项目申请以及学术交流中的学术道德作出具体要求,强化学术规范训练①。此外,在学风建设活动中,高校要积极弘扬实事求是、科学民主、学术诚信的优良学风,引导学生树立良好的学术道德观念,匡正学术风气。

(三)引航学生躬身实践、服务社会

马克思曾说:"思想本身根本不能实现什么东西。思想要得到实现,就要有使用实践力量的人。"②在全球化进程中,作为人类命运共同体理念首倡国的青年,应躬身实践、勇担时代重任、服务社会需要,将自身所学融入中华民族伟大复兴的进程中,把个人的命运与国家和人民的命运相结合,为中国式现代化挺膺担当。

1.勇担社会责任

党的二十大报告指出:"育人的根本目的在于立德。"

虽然高校德育的外延广于高校思想政治教育,但是高校德育与高校思想政治教育的目标是根本一致的,都是要培养德智体美劳全面发展的社会主义建设者和接班人,引导高校学生对实现理想信念抱有充分的信

---

① 国务院学位委员会.国务院学位委员会关于在学位授予工作中加强学术道德和学术规范建设的意见[EB/OL].(2010-02-09)[2024-05-04].http://www.moe.gov.cn/jyb_xxgk/xxgk/neirong/fenlei/sxml_gdjy/gdjy_xyzbtxjs/txjs_xgzc/201005/t20100512_87505.html.
② 马克思恩格斯文集(第一卷)[M].中共中央马克思恩格斯列宁斯大林著作编译局,编译.北京:人民出版社,2009:320.

念和信心,将实现社会理想与勇担社会责任统一起来。

首先是关注社会问题,提升责任意识。高校德育评价应当遵循"知情意行"的培养顺序,从高校青年学生的社会责任意识层面切入。责任意识是指个体对自己所承担的职责、任务和使命的自觉意识和深刻认识。它体现了个人对自己行为后果的负责态度,以及对他人和社会的责任感。高校应通过德育评价,不断培养高校学生对社会问题的敏锐洞察力和主动反思能力,提升其责任意识。学生不是被影响、被教育的绝对客体,而是能动地吸收与选择环境的主体,能批判性地思考事件背后的原因和影响,从而产生较强烈的责任意识。具体表现为一种超出个人的、承担社会责任的使命感,这种使命感又进一步激励个体更加努力地履行责任,为社会和他人作出贡献。

其次是参与社会实践,践行责任担当。大学生日常实践场域以校园为核心扩散至周边区域,参与的社会实践主要指的是学校组织或个人自发参与的非功利化的实践活动。例如校外实践活动中的志愿服务、社会调查、公益活动、支教支农、科技发明等。这些实践活动一方面彰显了大学生为社会发展贡献青春力量的青春风貌;另一方面推动了生涯发展和市场需求相匹配,让大学生的职业规划更好地与社会所需耦合,将个人利益与社会利益相结合,实现自我价值和社会价值相统一的人生价值。

2.练就过硬本领

德育的培养目标是根据社会发展需要,对受教育者在道德品质、人格、行为、心理等方面进行塑造、培养,使其达到当时社会要求的素质和预期效果①。高校德育评价在引导学生用坚定的理想信念武装头脑、用高尚的道德情操武装自己的同时,还要引导其用扎实过硬的本领武装自己,成为有大爱、大德、大情怀的新时代青年,投身社会实践、服务社会。

第一,铸就坚实心理素质。心理素质是指以生理条件为基础,将个体获得的外在刺激内化成稳定的、基本的、内隐的,具有基础、衍生、发展和

---

① 葛桦.确立现代高校德育评价标准的原则[J].高教探索,2003(3):64-67.

自组织功能,并与人的适应、发展、创造行为密切联系的心理品质。心理素质作为人的素质结构中的重要组成部分,是个体素质全面提升的关键要素。大学阶段是个体身心发展的重要时期,也是其世界观、人生观、价值观形成并逐步稳定的关键时期。因此,个体健全良好的心理素质对大学生全面健康发展具有重要作用①。高校学生德育评价应当从三方面强化学生心理素质锤炼。其一,加强学生心理健康教育。组织开展适配大学生心理特点的教育活动,将心理健康教育渗透融入高校教育教学全过程。其二,关照心理素质个体发展差异。面对学生在性别、年龄、培养层次、家庭背景等方面的不同情况,有针对性地开展心理素质教育活动,促进学生心理素质的整体提升。其三,发挥朋辈群体化教育功能。加强以课题组、班级、寝室为单位的朋辈群体团队建设,引导学生积极参与健康向上的朋辈群体活动,营造积极正向的心理育人环境。

第二,提升人际交往能力。良好的人际交往能力有利于营造健康的人际交往关系,增进学生心理健康,使大学生正确认识自我、不断完善自我,为实现学生的全面发展打牢基础。高校学生德育评价应当引导学生积极参与各项实践活动,如劳动教育、社会实践、团体辅导等,将理论联系实践,培养学生解决实际问题能力、交流沟通能力以及尊重和关心他人、主动交往、乐于助人、保持个性但不张扬、包容理解等人际交往技能,不断提升学生人际交往能力。

二、高校学生德育评价的主要内容

德育评价在高校学生评价中占据着举足轻重的地位,它不仅是衡量学校教育质量的重要指标,更关系到学生的全面发展。高校学生德育评价的内容主要包括政治理想、道德品质、行为表现、心理素质、人际交往能力和社会责任感六个方面。

---

① 张大均.大学生心理素质的特点和影响因素——基于对大学生线上调查数据的分析[J].教育研究,2022,43(7):126-139.

（一）政治理想

政治理想是德育评价的首要内容。它是指个体在政治领域中的追求和向往，包括对国家的忠诚、对民族的自豪、对社会主义事业的信仰等，主要考查学生对国家、政党、社会制度等的认知、态度及行为倾向。对高校学生而言，树立正确的政治理想，意味着学生能够以国家和民族的利益为重，积极投身中国式现代化建设，为实现中华民族伟大复兴贡献自己的力量。高校学生政治理想的具体内容包括以下两个方面。

第一，国家意识与民族情怀。高校学生应当具备强烈的国家意识和民族情怀，自觉学习和践行社会主义核心价值观，自觉学习并传承中华优秀传统文化，自觉维护国家尊严和利益；深刻理解所肩负的民族复兴的历史使命，积极学习并运用党的创新理论武装头脑，积极投身国家建设和发展。

第二，理想信念与奋斗精神。高校学生应当树立坚定的理想信念，拥护中国共产党的领导，厚植爱国主义情怀，积极参加政治理论学习和各类教育活动；对社会主义事业充满信心，并将个人的理想融入国家的发展大局之中，使之成为推动自己不断前行的动力；具备奋斗精神，勇于追求真理，敢于面对挑战，不仅要为实现个人的理想和目标而努力，更要为实现国家富强和民族复兴而奋斗；具备批判性思维，能够独立思考，不跟风不盲从，勇于探索，敢于创新，以坚定的步伐走在时代的前列，为中国特色社会主义事业和中国式现代化建设贡献力量。

（二）道德品质

道德品质是德育评价的核心。它是指个体在道德行为中所表现出的稳定特征和倾向，包括诚实守信、尊重他人、公平正义、勤劳节俭等方面。对于高校学生来说，道德品质的培养至关重要，它不仅关系到个人的声誉和形象，更影响到社会的风气和文明程度。高校学生道德品质的具体内容包括以下四个方面。

第一，诚实守信。高校学生应当具备诚实守信的品质，遵守承诺，不欺骗他人。在学术研究中,应坚守学术道德,不抄袭、不剽窃。在日常生活中,应真诚待人,言行一致。

第二,尊重他人。高校学生应当尊重他人的权利和尊严,不歧视、不侮辱他人。在人际交往中,应平等对待他人,尊重他人的不同意见和文化背景。

第三,公平正义。高校学生应当具备公平正义的品质,坚持原则,不偏袒、不徇私。在面对不公正现象时,勇于站出来维护正义,积极参加见义勇为、抢险救灾、救死扶伤等活动。

第四,勤劳节俭。高校学生应当养成勤劳节俭的习惯,勤奋学习,努力进取。在生活中,应合理消费,不铺张浪费。

(三)行为表现

行为表现是高校学生德育评价中最直观、最具体的方面。它是指学生在日常生活中所展现出的行为举止和习惯,包括遵守校规校纪、尊重师长、团结同学、爱护公物、讲究卫生等方面。对于高校学生而言,培养良好的行为习惯是提升个人综合素质、实现全面发展的重要途径。高校学生行为表现的具体内容包括以下三个方面。

第一,遵守规范。高校学生应当自觉遵守宪法、法律法规和学校各项规章制度,做到知法懂法、遵纪守法。遵守宿舍管理规定,保持安全、卫生、整洁的宿舍环境。尊重师长、团结同学,不辱骂、不欺凌他人。保护自然环境和公共设施,不随意破坏。遵守公共秩序和文明礼仪,不在公共场所大声喧哗、不随意插队。

第二,文明上网。在网络时代,高校学生的网络行为也成为行为表现的重要方面。学生应当自觉遵守网络道德和法律法规,自觉维护信息安全,不造谣、不传谣,不发布、不传播不良信息和不当言论,反对并抵制网络暴力。同时,理性看待网络舆论和热点事件,保持独立思考和判断能力。

第三,努力学习。高校学生应当以勤奋学习为己任,端正学习态度,明确学习目标,理解和热爱自己的专业。按时参加学校组织的教育教学活动,积极参与课堂讨论,展现对知识的渴望与探索精神。坚持学术诚信,不抄袭、不剽窃他人的劳动成果,诚信考试,拒绝任何形式的作弊行为。

(四)心理素质

心理素质作为高校学生德育评价的重要组成部分,是衡量学生全面发展的重要标准。它是指个体在心理过程、个性心理等方面所展现出的基本特征和品质,包括认知、情感、意志等多个方面,是个体应对外界环境、处理各种问题的心理基础。对高校学生而言,良好的心理素质是其成长成才的重要保障,也是其未来适应社会、实现个人价值的重要基础。高校学生心理素质的具体内容包括以下三个方面。

第一,敏锐认知。高校学生应当具备敏锐的观察力、记忆力、思维力和创新力,能够迅速准确地获取信息,对所学知识有深刻的理解和掌握,能运用所学知识解决实际问题。

第二,积极情绪。高校学生应当具备积极向上的情感品质,如乐观、自信、自尊、自爱等,能够正确面对挫折和困难,保持积极的心态和情绪,勇于追求自己的梦想和目标。

第三,坚忍意志。高校学生应当具备坚定的意志力和自制力,能够克服各种困难和挑战,坚持自己的信念和原则,不轻易放弃自己的目标和追求;具备良好的自我管理能力,能够合理安排时间和精力,保持良好的学习和生活状态。

(五)人际交往能力

人际交往能力是高校学生综合素质的重要体现,也是德育评价中不可或缺的一部分。它是指个体在与人交往的过程中,通过语言、行为等方式与他人建立良好关系、有效沟通并解决问题的能力。对高校学生而言,良好的人际交往能力是其未来职业生涯和社会生活中的重要资本。它有助于学生拓宽视野、增强自信、提高学习效率,还有助于培养学生的协作精神和创新能力。高校学生人际交往能力的具体内容包括以下四个方面。

第一,沟通流畅。高校学生应当具备清晰、准确地表达自己想法的能力,同时善于倾听他人的意见和建议。在沟通过程中,保持开放的心态,尊重他人的观点,避免冲突和误解。

第二,团队协作。高校学生应当具备与他人协作完成任务的能力。在团队中,应积极参与讨论和决策,发挥自己的专长和优势,同时关注团队的整体目标和利益。

第三,人际和谐。高校学生应当善于处理各种人际关系问题。在面对人际冲突和矛盾时,应保持冷静和理性,通过沟通和协商寻求解决方案。同时,学会拒绝(接受)他人的帮助,建立健康的人际交往边界。

第四,礼仪得体。高校学生应当掌握基本的社交礼仪和规则。在公共场合和正式场合中,注意自己的言谈举止和穿着打扮,展现出良好的个人形象和修养。

(六)社会责任感

社会责任感是高校学生德育评价的重要组成部分。它是指个体在享受社会权利的同时,应当承担的对社会、对他人的责任和义务。对高校学生而言,社会责任感的培养是其成长成才的必由之路。具备社会责任感的学生,能够主动关注社会问题、积极参与社会实践,在未来的职业生涯中将个人利益与社会利益、国家利益相结合,为国家和社会的发展贡献自己的力量。高校学生社会责任感的具体内容包括以下三个方面。

第一,关注社会问题。高校学生应当具备敏锐的社会观察力,主动关注社会问题,紧盯社会动态,以正确的视角理解社会现象和判断事件发展趋势,培养对社会现象的深刻认知能力。

第二,参与社会实践。高校学生应当积极参与各类社会实践活动和志愿服务活动,遵守活动规则和要求,认真完成任务,不敷衍塞责,不弄虚作假,增强社会责任感,弘扬奉献精神。

第三,承担职业责任。高校学生在未来的职业生涯中,应当秉持职业道德,认真履行工作职责,将个人价值与社会责任紧密结合,为社会提供优质的产品和服务。

三、高校学生德育评价的实施路径

教育的根本任务是立德树人。高校促进学生全面发展,要坚持以德为先,建立符合学生发展情况与成长规律的德育评价体系。为切实发挥德育评价的育人功能,高校学生德育评价应当坚持日常评价和年度评价相结合、坚持德育为先和一票否决相结合、坚持表彰奖励和榜样示范相结合,以此建立健全高质量的德育评价体系,着力为高校德育高质量发展提供有力支撑。

(一)坚持日常评价和年度评价相结合

1.日常评价

日常评价是指高校在日常教育教学活动中对学生的品德、行为和态度等方面进行定期、系统的观察、记录和评估的过程,旨在促进学生全面发展和提高学校德育水平,是德育评价工作中的重要组成部分。日常评价主要对学生在政治理想、道德品质、行为表现、心理素质、人际交往能力和社会责任感六个方面的日常表现进行评价,包括以下四个方面的具体工作。一是行为观察记录。学校通过日常观察,记录学生的课堂出勤和参与情况、与同学的互动情况、对待学习的态度及表现等。二是日常活动记录。主要包括记录学生在学校组织的团队建设、文体比赛、社会实践等集体活动中的出勤情况和参与程度、表现情况以及所展现的团队合作精神和社会责任感等。三是活动成果记录。学生通过提交成绩单、获奖证书、表扬信等材料,如实反映其在学业和各类活动中的成果、表现,真实展现学生积极、健康、向上的精神风貌。四是违规违纪记录。学校如实记录学生违反校规校纪、有损大学生形象的行为和处理处分情况,时刻提醒学生认识错误、改进行为。

2.年度评价

年度评价是根据日常评价的数据和资料,结合学校制定的评价标准和指标,对学生在整个学年内德育方面的表现作出的综合评价,旨在全面了解学生的德育水平和成长情况,为学校科学有效的德育管理决策提供依据,有意识地提高学生德育评价结果,提升学生德育水平。

与日常评价相比,年度评价更加突出以下四个方面的内容。一是对学生成长历程的评价。年度评价对学生在德育方面的成长历程进行总结,包括成长过程中的阶段性变化和突破,对比前后变化,帮助学生在德育方面作改善和提升。二是对重要事件的反思。年度评价让学生对过去一年中遇到的重要德育事件进行反思,包括成功的经验和失败的教训。注重分析事件背后的原因,总结经验教训,为学生今后的发展提供指导。三是德育目标的实现情况。年度评价对学生制定的德育目标进行评价,分析目标的完成情况和存在的问题,进而提出针对性建议和改进措施,帮助学生更好地实现德育目标。四是学生德育水平的总结。对学生在过去一年中的德育水平进行全面总结,评价学生在德育方面的整体表现,指出学生在德育方面的优势和不足,为学生今后的德育发展提供指导和支持。

年度评价主要从以下六个方面开展具体工作。一是数据收集与整理。学校收集整理学生一年来的各项德育数据,包括日常评价记录、课堂表现状况、社团活动参与情况、志愿服务记录、班级互评结果等。二是评价标准和指标的确定。科学制订德育评价的标准和指标,确保评价的客观性和公正性。三是评价工具设计。根据评价标准和指标,设计相应的评价工具,包括评价表格、问卷调查等,帮助评价者系统地收集和记录学生的德育表现,为评价结果的生成提供依据。四是评价过程的实施。学校通过学生自评、班级互评和辅导员考评等形式,运用评价工具对学生的德育表现进行评价。五是评价结果与报告的生成。根据评价结果生成学生的年度评价报告,包括学生的年度整体评价、德育方面的优势和改进空间、成长历程和未来发展建议等内容。六是反馈与指导。将评价结果反馈给学生,并针对学生的表现给予具体的意见和建议,帮助学生认识自己的优势和不足,制订改进计划,为学生未来的发展提供支持和指导。

3.日常评价和年度评价相结合的实施路径

高校学生德育评价应当坚持日常评价与年度评价相结合。日常评价作为德育工作的基础和常态化手段,能够及时发现和纠正学生在言行举止、人际交往、自我管理等方面的问题,对学生的行为进行及时引导和教育,帮助他们养成良好的行为习惯和价值观念。但这些评价往往局限于表面现象,难以全面反映学生的综合素质,容易陷入标签化和定性评价的困境,忽略学生的个体差异和发展潜力。而年度评价作为对学生一年学习和成长的总结与回顾,更加系统和全面,可对学生在德育方面的整体表现进行综合评估,发现其在道德品质、社会责任感、自主学习能力等方面的优势和不足以及规律性问题,指导学生扬长避短、修正瑕疵行为。但由于评价周期较长,只能滞后反映学生阶段性表现的结果,无法及时发现和纠正学生存在的问题,并给出指导性意见与建议。可见,日常评价和年度评价各有其优势和劣势,只有将二者相结合,才能形成一个有效的德育评价体系,既能及时发现和解决学生存在的问题,又能对学生的整体发展进行全面评估和指导。

高校学生德育评价日常评价和年度评价相结合有以下实施路径。一是健全德育评价体系。设立包括日常评价和年度评价两个层面的德育评价体系,确立评价标准、指标和方法,明确日常评价和年度评价的关系与作用,以日常评价奠基年度评价,以年度评价指导日常评价。二是建立数据共享机制。搭建信息化平台或系统,方便记录和共享学生的德育数据,确保日常评价生成的数据自动关联到年度评价中,为年度评价数据的生成提供基础。三是强化评价结果的反馈与指导。在日常评价和年度评价结果生成后,及时与学生分享评价结果,帮助学生认识自己的优势和不足,制订个性化的改进计划,并针对学生的表现给予具体的反馈和建议。

(二)坚持德育为先和一票否决相结合

1.德育为先

德育为先是指在学生评价中,将德育摆在优先的位置,学生评价首要看德育表现,德育表现不好,学生评价结果就不应该获得优秀等次。这是对德育地位作用的夯实,能确保学生评价核心目标的完成,强调德育在高校教育中的重要性。强调德育为先,实则强调的是对学生全面发展的关注,是立德树人、以人为本的体现。

在高校学生德育评价工作中,德育为先的评价机制在以下五个方面均起到了重要作用。一是培育良好的校园文化。德育为先的评价机制强调道德品质和人格素养的培养,有助于塑造积极向上的校园文化。对学生品德、行为、社会责任感等方面的评价,可以促进学生形成尊重、友爱、公正、诚信的价值观念,推动形成和谐、进步的校园氛围。二是促进学生全面发展。德育为先的评价机制不仅关注学生的学术成绩,更注重其道德品质和社会责任感的培养,激励学生在学习、品德、社会实践等各个方面都取得进步。三是增强学生的社会责任感。德育为先的评价机制强调培养学生的社会责任感和公民意识,使其认识到自身应当承担的社会责任和义务,激励学生积极参与社会实践,为社会发展贡献力量。四是引导学生树立正确的人生观和价值观。德育为先的评价机制通过对学生品德、行为的评价,引导学生树立正确的人生目标和价值取向,做一个有担当、有责任感的人。五是促进教育教学改革。德育为先的评价机制可以为学校教育教学改革提供重要参考。通过对学生德育评价结果的分析,学校可以发现教育教学中德育方面存在的问题和不足,及时调整教育方向和方法,深入推进教育教学改革。

在高校学生德育评价工作中,德育为先意味着学校将学生的品德素养和行为规范放在首要位置,注重培养学生的道德品质和社会责任感。具体工作内容包括以下五个方面。一是制订德育目标。明确希望学生具备的品质和价值观,包括诚实守信、自律尊重、团队合作、社会责任感等方面。二是设置德育课程。课程内容涵盖思想品德、文史哲学、社会伦理、公民教育等,培养学生的道德观念和行为规范。三是组织德育活动。通过讲座、沙龙、志愿服务活动等,引导学生积极参与社会公益事务,培养其社会责任感和公民意识。四是树立榜样示范。通过表彰优秀学生,激励其他学生向其学习,在校内形成良好的德育氛围。五是健全德育评价机制。对学生的品行表现和道德素养进行全面评估,协同多元力量共同参与德育工作,形成教育合力。

2.一票否决

一票否决是指在高校学生德育评价工作中对学生德育评价负面清单落实的惩罚机制,即如果学生在德育方面的表现不符合规定标准,即使其他方面表现优秀,也会被否决,直接凸显德育评价的底线要求。这可以从两个层面解读,一是当学生在评价年限内存在违规违纪情况时,即使其他条件非常突出,也要执行一票否决,取消其年度评优评奖资格。二是年度德育评价结果即评价分数未达到评价标准,即使其他条件非常突出,也要执行一票否决,取消其年度评优评奖资格。一票否决机制的存在是为了确保德育评价的严谨性和公正性,可以对严重违反德育规范的行为进行严厉打击,起到震慑作用,维护正常的教育教学秩序,也可以对德育不达标的学生起到警示作用,提醒其按照德育目标改进自己的日常表现。

在高校学生德育评价工作中,一票否决的评价机制在以下五个方面均起到了重要作用。一是明确标准。一票否决的评价机制为学生德育提供了清晰的负面评价清单,设定了明确的评价标准和要求,有助于学生更加清楚地认识到自身的不足,从而有针对性地进行改进和提升。二是切实激励。一票否决的评价机制具有强烈的激励作用,学生明白自己的德育表现需要达到一定的标准或规避一些问题,才能避免相应的惩罚,从而促使学生更加努力地去涵养自己的品德素养,提升自己的道德水平。三是强化管理。一票否决的评价机制强化了学校对学生德育的管理和监督。学校据此对学生的德育表现进行严格把关,对严重违反校规校纪或德育评价分数不达标的学生,可采取相应的处罚或管理措施,维护校园秩序和学生的整体利益。四是倡导规范。一票否决的评价机制有助于学生树立正确的道德观念和行为准则,助力形成良好的校园文化和校风学风。五是保障公平。一票否决的评价机制能够保障评价的公平性和公正性。每位学生均按照相同标准进行评价,确保其在评价中获得公平的对待,增强学生对评价机制的信赖度和认可度。

在高校学生德育评价工作中,一票否决通常是作为一种严厉而有效的措施,用来确保学生在品德和行为方面符合学校德育的要求。一是明确标准制定。德育一票否决的标准包括但不限于学生的品行表现、参与校园活动的态度、遵守校规校纪等方面。二是设定评价指标。根据评价标准制订具体的评价指标,包括诚实守信、团队合作、社会责任感等方面,对学生的品行、纪律、参与度等进行全面评估。三是监督和记录。学校需要建立有效的监督机制,对学生的德育表现进行全面记录和跟踪。四是评审和决策。成立学生德育评价小组或类似机构,负责对学生的德育表现进行评审和打分。当学生的行为严重违反德育标准或德育评价分数不达标时,学生德育评价小组或类似机构有权根据情况对其作出一票否决的决定。五是沟通和反馈。学校应当及时将评价结果反馈给学生,给出一票否决的解释和理由,并与学生及其家长进行充分沟通。六是处罚。对受到一票否决的学生,学校需要采取相应的处罚或管理措施,并提供必要的辅导,帮助他们认识错误和不足,改正错误,改进行为,重新融入校园生活。七是定期评估和改进评价工作机制。不断优化评价标准和流程,提高评价的准确性和公正性,更好地助力学生全面发展。

3.德育为先和一票否决相结合的实施路径

德育为先和一票否决是相辅相成的评价机制,在高校学生德育评价工作中发挥着各自独特的作用,二者相结合,不仅体现了教育评价工作的科学性和严谨性,也有助于促进学生德育水平的全面提升,推动高校教育事业的健康发展,提高德育评价工作的实效性。

高校学生德育评价德育为先与一票否决相结合有以下实施路径。一是明确德育标准和规范。学校应当明确将德育标准和行为规范写入《学生手册》,包括诚信、自律、公正等方面,确保学生清楚了解应当遵守的准则。对严重违反德育标准和规范的行为给予严厉处罚,以示警示和震慑。二是强化德育教育。通过德育课程、活动和宣传,加强对学生的德育教育,培养其良好的品德和行为习惯,降低出现违规行为的可能性。同时,建立完善的监督与管理机制,加强对学生行为的监督和管理,及时发现和处理违规行为,防止问题扩大化。利用学校教育的隐性功能,营造积极向上、和谐稳定的校园文化氛围,倡导尊重、理解和包容,为学生健康成长提供良好的环境。三是强化教师和辅导员的作用。教师和辅导员应当起到示范和引领作用,积极参与学生德育教育和管理工作,及时发现问题并引导学生纠正错误,确保德育评价的权威性和公正性。评价结果应当客观、公正,真实反映学生的德育表现,增强学生对德育评价的认可度和尊重度。

(三)坚持表彰奖励和榜样示范相结合

1.表彰奖励

表彰奖励是德育评价中的一种正向引导手段,其主要目的是引导学生实现自我成长发展。表彰奖励有物质奖励和精神奖励、即时性奖励和总结性奖励、口头通报表扬和正式发文表彰等方式。表彰奖励的对象是评价结果中表现突出的先进个人或学生集体。德育评价中对学生道德发展需始终保持人心向善的乐观期待[①]。作为"向善""乐观"的正向激励,表彰奖励对激发学生的内生动力有重要影响。

2.榜样示范

榜样示范是通过德育评价最终形成的优秀典型或具有辐射影响力且形成一定规模效应的教育现象和教育机制。榜样示范既是对考评对象表

---

① 杜坤林.冲突与重建:当代大学生道德价值观研究[D].西安:西安理工大学,2012.

彰奖励的手段和做法,又是对奖励结果的运用和最终效果的呈现。通过良好的榜样示范效应,高校可以弱化德育评价的功利化、表面化等突出问题,发挥朋辈效应的共情性、友谊性、义务性、有效性、相互性等作用。

3.表彰奖励和榜样示范相结合的实施路径

道德教育是一个艰辛的过程,道德品德的形成更是一个复杂而漫长的过程,德育效果不应该而且不可能立竿见影,其效果具有延时性、不确定性和反复性[1]。表彰奖励和榜样示范是德育评价中最有价值的部分,对其进行彰显,可以培养、激发和引导学生的自主学习、自我反思,激励学生不断完善自身。二者不仅在内容上有部分交叉重合,且具有内在的统一性、一致性,将二者相结合是学生德育评价的内在要求,能够极大地通过朋辈影响,将精神的力量转化为朋辈凝聚力,形成良好的德育氛围,激励和引导学生形成更高层次的理想追求和精神追求。

高校学生德育评价表彰奖励与榜样示范相结合有以下实施路径。一是建立健全高质量的德育浸润模式。高等教育高质量发展是一种全方位的发展,要求德育的全方位浸润,要在师资主体、浸润点位、育人实效以及浸润场域等各个方面予以强化,构建"人物、时、空"协同性一体化的浸润模式。依循德育融合视角,提升德育的契合度,加强德育的促进作用与联动效应,全维度地开展表彰奖励和榜样示范,将榜样资源融入课堂、园区、场馆、实习基地等场域,以确保德育浸润能走入学生心间。二是建立高质量的德育工作队伍。德育评价的结果落实在具体工作实践中,需要强有力的德育工作队伍作为基础保障。常态化的德育工作队伍是基础,高质量的德育队伍是目标。常态化德育队伍的主体应当涵盖高校全体教职工,要将表彰奖励与榜样示范工作纳入高校全体教职工应尽应有的基本职责中,着力体现全员育人的理念。高质量德育队伍应当加强德育浸润目标的落实,将德育融入办学治校的各个方面,提升德育在学科专业建设、科研创造、社会服务与合作、国际化办学以及校园建设等方面的融合

---

[1] 杜坤林.冲突与重建:当代大学生道德价值观研究[D].西安:西安理工大学,2012.

度,着力体现全方位育人的工作要求①。三是形成长效常态化机制。表彰奖励和榜样示范工作应当建立完备的长效常态化机制,如文件制订、仪式活动、班团建设等,以适应现实工作中复杂多变的学生教育管理需求,确保学生评价的高效性、有效性。此外,思想政治教育工作是确保表彰奖励与榜样示范融入日常的关键路径,应当以长效常态化机制为牵引,形成德育评价与思想政治教育融合的可持续效应。

四、西南大学学生德育评价案例分析

为提升人才培养质量,助力"双一流"建设,优化学生综合考评和评优评奖工作,结合工作实际,2019年,西南大学修订了《西南大学本科生综合考评办法》《西南大学本科生奖学金评定办法》和《西南大学本科生先进集体和先进个人评选表彰办法》,启动了学生综合素质评价改革。

西南大学坚持"德育为先、专业为基、创新为要"的思路,细化"五育并举"要求,规定学生综合考评成绩包括基础分100分和创新实践能力分20分,其中基础分由基本素质考评(满分100分,占比25%)和学业考评(满分100分,占比75%)两个部分相加得出。基本素质考评中包含学生德育考评内容,主要从思想政治、品德修为、行为规范等方面对学生德育情况进行评价。

1.坚持"德育为先"结果导向

学校奖学金评定和先进个人评选等文件将德育考评作为学生综合素质评价的先决条件和必备条件。一是对德育不合格者,奖学金评定和先进个人评选实行"一票否决"。文件规定:"奖学金的评定依据为学生基本素质考评、学业考评和综合考评成绩。其中要求基本素质考评必须合格(≥60分)。"受到学校纪律处分的,在处分期限内,取消奖学金评定和先进个人评选资格。二是强化德育评价在学生综合评价结果中的重要比重。文件规定:优秀学生标兵为学校授予学生个人的最高荣誉,申请优秀学生

---

① 高文苗.高校德育高质量发展的意义与方向[J].中国高等教育,2021(23):41-43.

标兵必须满足该学年度基本素质考评专业排名前10%的基本条件;申请三好学生和优秀学生干部必须满足该学年度基本素质考评专业排名前20%的基本条件。

2.注重评价主体和方式多元

学生综合考评明确学生本人、班团学生群体和辅导员作为基本素质考评的主体,学生自评、班级互评和辅导员考评作为德育考评的主要形式。学生自评就是引导学生根据学校育人的总体要求,结合个人德育情况进行自我总结,培养自我教育、自我管理的能力,从而激发内在成长动力。班级互评是指组织学生以班级为单位进行民主评议,有助于增强学生的集体荣誉感,提升学生不断反思、改进自我的意识,更大地发挥德育评价的激励与导向功能。辅导员考评是对学生平时德育方面的表现情况进行综合评价,向学生传递正确的价值观,提升学生的道德修养,进而将社会主义核心价值观与新时代育人要求紧密结合起来,实现评价的最终目的。同时,学校健全校院两级联动评价机制,加强对学院(部)的统筹和指导;充分发挥相关职能部门作用,分类分层开展与先进集体、先进个人有关的奖项评选,突出部门联动和评价的针对性。

3.注重发挥德育评价的正向激励和负向惩罚功能

基本素质考评除基本分外,还包括加分和扣分两个部分。其中对学生在见义勇为、抢险救灾、救死扶伤等方面的突出表现,经认定后可酌情加分。对受到学校纪律处分、有损害学校荣誉或大学生形象等行为的学生,经认定后酌情扣分。学院(部)结合具体的实施细则对学生进行正向加分和负向扣分。

4.推进信息化手段赋能德育评价

学校加快推进"智慧学工"数字平台建设,学生考评依托钉钉平台和学工系统开展,促进了学生日常管理数字化转型。开发学生动态信息登记模块,客观记录学生日常学习、工作、生活、品行等的真实表现,把从思想政治、品德修为、行为规范等多维度采集到的数据作为学生综合考评中德育评价的重要依据,实现动态考核与静态考核、定性考核与定量考核、全面考核与重点考核、线上考核与线下考核相贯通。

第四章

高校学生智育评价

　　智育评价是高校学生评价的核心内容。本章主要从高校学生智育评价的功能价值、主要内容、指标体系、实施路径四个方面进行分析,理清高校学生智育评价的内涵和标准,测量学生智育水平,促进学生智育发展。

一、高校学生智育评价的功能价值

"智育"是现代教育思想中的一个基本概念,同时也是现代教育体系的重要组成部分。高校学生智育评价应明晰智育的基本内涵,明确智育评价的要素,从而进一步探讨智育评价的功能价值。

(一)基本内涵

1.智育

在西方教育思想史上,"智育"这一概念经历了从古希腊时代"智德统一",强调人的整个精神世界的成长和发育到近代将教育划分为德育、智育、体育,并将智育从"智德统一"中抽离出来而单指知识文化教育的过程。现代意义上的"智育"这一概念最早由英国教育学家斯宾塞提出,他在其著作《教育论》中将"智育"(Intellectual Education)作为一个单独的章节并展开论述。斯宾塞对传统死记硬背的教育方式进行了批判,认为原理大于规则,"一个学习了原理的青年,解决新问题同解决旧问题一样容易",因而学习原理是青年"进行研究、独立思考和发现的前提"[①]。

中国古代也有关于"智育"这一教育思想的表达,例如儒家六艺:礼、乐、射、御、书、数。其中,"礼"体现了"德育","乐"体现了"美育","射"和"御"体现了"体育",而"书"和"数"正是"智育"的象征。但中国正式采用"智育"这一概念是在19世纪末至20世纪初,彼时国内西学渐盛,不少知识分子都在学习和传播西方的教育理念,"德智体"三育思想也在国内被推崇。对于"智育",张之洞在其所撰写的《学堂歌》中作出了如下论述:"教智育开愚氓普通知识破天荒""物理透技艺长方知谋生并保邦"[②]。可以看出,近代中国"智育"的内涵同样在于知识文化和专业技能方面的教

---

① SPENCER H. Education: Intellectual, moral, and physical[M]. CW Bardeen,1894:100.
② 吴小鸥,艾琼.张之洞与新式教科书的编撰——以《张相国新撰唱歌教科书》为例[J].湖南师范大学教育科学学报,2009,8(2):10-14.

育,并且强化了物理等自然科学知识的教育在"智育"中的地位。

新中国成立以来,中国教育体系不断发展和完善,智育作为教育体系中最核心的组成部分,其内涵也在不断发展完善。与近代中国智育理念相比,现代智育除了知识技能外,尤其注重对学生创新批判思维的训练。具体而言,现代智育指的是向学生传授系统的科学理论知识与基本专业技能,培养学生的创新性思维和批判性思维,引导和帮助学生开展独立的科学探索与理论研究,从而促进学生智力发展和本领提升的过程。高校智育的主要内容包括专业知识学习、创新批判思维训练、专业技能实践、言语表达与团队合作等等。其中,"智"是对学生心智、认知、知识和技能的总称,于学生而言,智育活动有利于开发心智、启迪思想、学习知识和培养思维。

2. 智育评价

智育评价是指对学生的科学文化知识、专业理论认知以及应用技能掌握情况和实践能力水平进行综合评估的过程,旨在客观、科学、系统地评价学生在学业水平、学术创新能力、实践创新能力以及应用能力等方面的表现,帮助学校和教育管理部门了解学生的学习状况和发展潜力,为学生提供个性化的学习指导和职业规划,进而促进学生成长成才。

《深化新时代教育评价改革总体方案》提出,要充分发挥教育评价"指挥棒"的作用,坚决克服"五唯"顽瘴痼疾,完善过程性考核与结果性考核有机结合的学业考评制度。为避免学生陷入固化的考试测评形式,从而形成"刷题型"、"死记硬背型"或者"考前抱佛脚型"等应付性的学习方式,需要学校构建更加科学合理的智育评价体系,通过全面、客观、公正地对学生的智育水平进行度量,来引导学生积极自主地开展学习活动。

智育评价体系的完善可以从横向和纵向两个维度展开。从横向上看,智育评价应实现过程性考核与结果性考核的统一,尤其需要注重过程性考核,对学生各个阶段学习成效的检验能更直观反映出学生的学习态度及学习效果。从纵向上看,智育评价应囊括对学生的课程学习能力、学术创新能力与实践创新能力等的考核,需从多个方面对学生进行综合考查,全面评估学生的智育水平。

(二)功能价值

教育评价对教育实践具有显著的导向作用,同样,智育评价对智育实践也具有导向作用。智育评价作为高校教育评价的重要一环,其功能价值可以从学生和学校两个方面展开。对学生而言,智育评价能评估学生的智育水平,且能通过相应的奖惩激励制度来激发学生的学习动力,进而促进学生主动、自觉、独立地开展学习活动。对学校而言,智育评价是评估教学质量和教学水平的重要形式,有利于学校和教师发现教学问题并寻找改进措施。

具体而言,高校学生智育评价的功能价值包括以下四个方面。

1.评估学生智育水平

对学生的智育水平进行评估是智育评价的基本功能。与德育、体育、美育和劳育有所不同,智育更加看重学生的学习能力,包括专业知识学习能力、创新批判能力和实践能力等,但学生的学习能力是一种抽象的概念,因此需要采用科学全面的评价体系来对学生的学习能力进行量化评估。高校学生智育评价正是通过系统的评价方法来对学生的智力、思维能力以及学科知识水平进行测度和量化,以便于了解学生在学业、科研和实践等方面的能力和水平,从而为学生提供针对性的服务和指导。

2.指引学生智育发展方向

评价只是手段,引导学生智育发展才是高校进行智育评价的目的。高校学生的学习形式与中小学学生有着较大的差异,在基础教育阶段,学生习惯于接受教师的督促与监督,大多数情况下属于一种半推半就的被动式学习,而进入高校后,学生脱离了教师频繁的监督与掌控,获得了极高的自由度,容易产生懈怠心理,甚至荒废学业。高校智育评价在很大程度上发挥了对学生学习的督促作用,高校的各项奖惩制度大都与学生的智育评价结果有着直接的关联,例如学生奖学金评选、优秀荣誉称号评选、推免资格申请等奖励性制度以及通报、重修、留级、退学等惩罚性制度等。

3.检验高校智育水平和质量

智育评价同样是检验高校智育水平及质量的重要手段。高校学生智育水平的高低,不仅反映了学生的学习情况,还体现了学校的教学水平和教学能力以及对学生的培养效果。评判一所高校的教学质量不仅要看其师资力量、学科排名、教学特色等,也要综合考查学生的学习情况与学习效果。高校学生智育评价结果不仅能直观地反映出学生的智育水平,而且能间接地反映出高校教师的教学能力和教学水准,同时也在一定程度上体现了高校的整体教学质量。

4.促进高校智育水平和质量的提升

高校学生智育评价结果反馈对高校智育水平和质量的提升有积极意义。对学生来说,智育评价结果能够帮助他们认识自身的不足之处,从而有针对性地提高。对教师而言,通过评价可以直观地了解到学生的学习状态,更好地发现学生的长处和短处,便于开展差异化课程教学,因材施教,帮助学生获得更好的发展;同时可以根据结果反馈及时调整教学策略和方法,寻找自身的教学问题或教学漏洞,提升自身的教学能力。对学校而言,智育评价结果可以帮助学校认识自身不足,通过出台或修改相关的政策法规等措施,对高校的整体智育水平和质量进行宏观调控。

二、高校学生智育评价的主要内容

智育作为高等教育的重要组成部分,旨在培养学生掌握学科专业知识、提升创新思维能力和专业实践能力。传统的以考试成绩为主要评价标准的方式已不能满足现代社会对人才全面素质的要求,因此需要建立一个多元化、综合性的智育评价体系,以促进学生各方面能力的提升。西南大学基于学生智育方面的研究和实践,构建起高校学生智育评价内容体系,具体如图4-1所示。

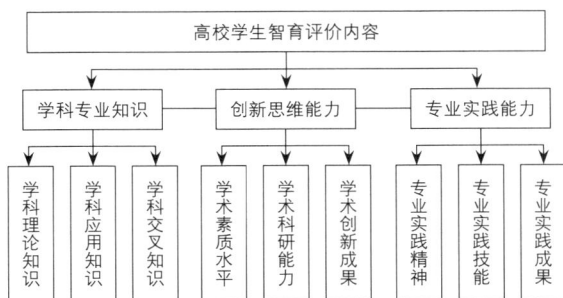

图4-1　高校学生智育评价内容体系

(一)学科专业知识

学科专业知识是指在特定学科领域内,通过长期的学术研究和实践积累所形成的系统、深入、权威的知识体系。具体来说,学科专业知识的评价内容涵盖了学科理论知识、学科应用知识和学科交叉知识。

1.学科理论知识

学科理论知识是指在某一学术领域内,通过科学研究和系统学习形成的关于该领域基本概念、原则、规律和结构的知识体系。学生对学科理论知识的掌握是理解学科本质、提升思维能力、解决问题的关键。在教育目标分类理论中,学科理论知识的掌握可以从多个层次进行评价。首先,在记忆层次上,学生需要展现出记忆层次的能力,即能够准确回忆和识别相关的理论概念和术语。其次,在理解层次上,学生应能理解这些理论背后的基本原理及其在实际中的应用。同时还应具备分析能力,能够解构理论框架,理解其组成部分之间的关系、相互作用,形成一个有机整体,能够根据既定的标准或准则对学科理论进行批判性分析和判断。最后,在创造层次上,学生应能结合不同的理论知识,提出新的见解或构建新的理论模型。这样的评价体系有助于全面了解学生对学科理论知识的掌握程度,并促进其认知能力的发展。

2.学科应用知识

学科应用知识是指在特定学科领域内,用于解决实际问题的知识,是实现学科知识价值的关键。教育的最终目标是让学生能够将所学知识应用于实际生活中,促进不同领域间知识的联结与迁移,实现从理论到实践的转化,而应用知识在其中起关键的桥梁作用。学科应用知识评价是高校智育评价中不可或缺的一部分,其关注学生在真实或模拟情境中运用所学知识解决问题的能力,以及学生的系统性思维能力,不仅能够帮助教育者了解学生的学习效果,还能促进教学方法的改进和学生能力的全面发展。

3.学科交叉知识

学科交叉是由团队或个人进行研究的一种模式,把来自两个及以上的学科或者专业知识及理论知识的信息、数据、方法、工具、观点、概念和理论统合起来,从根本上加深理解或解决那些超出单一学科范围或研究实践领域的问题,是理论知识与应用知识相结合的产物[1]。学科交叉知识是指在多个学科领域之间通过交叉融合产生的新的知识体系。党的二十大报告指出,要"加强交叉学科建设,加快建设中国特色、世界一流的大学和优势学科"。当前中国高校内部学科发展逐渐完善,与交叉学科配套的科学培养系统、制度等正逐渐完善,且被社会广泛接受。在对学生交叉学科知识进行评价时,要综合考查学生对理论知识的学习吸收以及对应用知识的实践能力。

---

[1] 孙蓓蓓.基于科学合作视角的交叉科学成果测度与影响评价研究[D].郑州:华北水利水电大学,2019.

(二)创新思维能力

创新思维能力是指个体在面对问题和挑战时,能够打破常规,提出新颖、独特的解决方案的能力。创新思维能力的评价内容具体包括学术素质水平、学术科研能力和学术创新成果三个方面。

1.学术素质水平

学术素质水平是指学生在学术领域内所具备的知识、技能、思维品质和道德素养的综合体现。学术素质不完全等同于学术水平或科学研究能力,它既涉及一定的科研能力,也包含学习能力,同时强调对知识属性本身的理解和对知识创新、知识应用所持有的价值取向,它是人文素养与科学素养的综合[①]。对学生学术素质水平的评价需要考查学生的学习能力、提炼科学问题的能力、逻辑思维能力等多个方面。

2.学术科研能力

学术科研能力是指在学术研究和科学实践中,学生所具备的一系列能力,具体包括文献检索与资料搜集能力、批判性思维能力、实验设计与实施能力、数据分析与处理能力、逻辑推理与论证能力、创新与问题解决能力、学术写作与报告能力、团队合作与沟通能力、学术道德与规范遵守能力、项目管理能力等。综上可以看出,学术科研能力的涵盖范围很广,作为高校学生在学术研究和科学实践中所必需的能力,高校在进行智育评价时要重视对学生学术科研能力的评价。

3.学术创新成果

学术创新成果是学生创新思维能力的具体表现,是评价学生智育水平的重要依据,体现了学生的知识储备、思维方式、解决问题的能力等多方面的素质。对学术创新成果的评价有数量、质量、重要性和影响力等指

---

① 王树利.论大学本科学生的学术素质培养[J].江苏科技大学学报(社会科学版),2010,10(4):94-97.

标,数量通过论文数、专著数来评价,质量和重要性通过同行评审专家的价值判断来评价,影响力则根据其他学者对论文引用的频次进行评价。在对高校学生学术创新成果进行评价时,可参考国内外已有的评价指标和方法,在此基础上制定多维、全面、科学的评价体系,准确地评估学生的学术创新能力。

(三)专业实践能力

专业实践能力是指在相关领域实际工作中运用知识、调动环境中与之相关的资源达成目标的能力。专业实践能力评价的内容包括专业实践精神、专业实践技能和专业实践成果三个方面。

1.专业实践精神

人的本质是通过实践构成各种社会关系的有序集合,实践精神是一种与日常生活紧密相连的精神特质,它以主动和自觉为主要特点,对实际的行动产生积极的推动和指导作用,并能激励人们将其付诸改变世界的具体实践之中。专业实践精神是指个体在其专业领域内的实践中所表现出的一种积极主动和持续进取的态度与行为方式,涵盖了主动探索、敢于创新、坚持不懈、善于合作、勤于反思、勇于担责以及尊重他人等多个方面。

2.专业实践技能

专业实践技能是指学生在其所学专业领域内应具备的实际操作和问题解决能力。随着社会发展和经济变革,人们对高等教育的要求逐渐从纯知识传授转向更强调学生实际能力和技能的培养,尤其注重对其专业实践技能的培养。高校学生专业实践技能包括专业知识应用能力、实验操作与技能实训、研究与创新能力、工程设计能力、案例分析能力、沟通与表达能力、团队合作与领导能力、项目管理能力、职业道德与法律责任、信息技术应用能力、跨文化与国际视野、终身学习能力等。高校通常会通过实习、工作坊、模拟项目、社会实践、志愿服务等多种形式来帮助学生提升这些专业实践技能。在评价高校学生的专业实践技能时,需综合考虑多个方面,如观察学生在实践中运用专业知识的熟练程度以及完成专业技能操作的准确性,设置实际问题来检验学生的创新能力和独立思考能力等。

3.专业实践成果

专业实践成果是指在专业实践活动中,通过运用专业知识、技能和能力等所取得的实质性成果。教育的核心使命在于培养学生的综合能力,强调对学生的实际操作能力、创新思维能力和解决复杂问题能力的培养。对学生专业实践成果进行评价,能够直观地考查学生将所学的理论知识有效地转化为解决现实世界问题的能力。对高校学生专业实践成果的评价应包含多个方面的内容,如课程设计或项目作品、实验报告或研究报告、学术论文、技术发明或创新、设计方案、案例研究、实习或工作经验、艺术作品、教学成果、社会实践活动、技能证书等。

三、高校学生智育评价的指标体系

构建高校学生智育评的价指标体系时,需先从"以学生发展为中心"的视角出发明确构建原则,在此基础上再进一步确定指标选取原则,并选择相应的指标构建体系。

(一)构建原则

智育评价的目标是推动学生智育发展,培养社会主义建设者和接班人。目前,高校学生智育评价的方式较多,且各有侧重,有基于课程学习结果的评价,有基于综合素质能力的评价,有基于奖学金评选的评价,有基于高校学生学业发展的增值评价,呈现出多主体、多角度等特征。构建高校学生智育评价的指标体系,需从"以学生发展为中心"的视角出发,遵从多元参与、多维评价、多项内容、多种功能等原则。

1.多元参与

高等教育评价主体呈现多元参与的趋势。程耀忠等认为高等教育评价主体由一元主导转向多元参与[①]。沈华东等认为在教育现代化背景下,我国高等教育评价已经出现政府、高校、教师、学生、第三方评估机构等多类参与主体,评价主体呈现多元化趋势[②]。从相关文献及实践经验中可以看出,高校教育评价包含学生、教师、学校、家长、用人单位、第三方评估机构等多元主体,各评价主体的参与在一定程度上反映出不同的利益群体对高校教育评价的要求和期望。

在高校学生智育评价中,教师评价、学生自评和学生互评的方式在实际中运用最多。教师是高校课堂教学的实施者,是深入课堂直面学生的专业人员,通常作为学生智育评价的主体。学生作为被评价者,任何教学活动都离不开学生的积极参与,学生自评可以促使其进行自我反思和进步,充分发挥评价的激励功能。学生互评在智育评价中也发挥着重要意义,评价双方有着相似的年龄特征和心理特征,处于相近的思维发展阶段,能够进行有效交流与讨论,从而促进彼此之间的合作学习,取长补短,共同进步。

2.多维评价

《深化新时代教育评价改革总体方案》中指出,教育评价要综合运用结果评价、过程评价、增值评价、综合评价等多种方式。智育发展是一个动态过程,对高校学生智育评价也应坚持从基础评价、过程评价、结果评价、增值评价、综合评价等多个维度开展。

---

① 程耀忠,刘仁金,陈尚达.新中国成立以来高等教育评价制度改革的历史演进及逻辑理路[J].黑龙江高教研究,2023,41(4):45-50.
② 沈华东,李牧,关帅锋.系统推进新时代高等教育评价改革路径探究[J].武汉理工大学学报(社会科学版),2023,36(4):120-126.

基础评价是对学生入学前的基本智育情况进行评价,通过笔试、面试、查阅资料等方式,对学生的基本素质、思维能力、心理状况等进行测评和分析。

过程评价是对学生从入学到毕业的各环节开展过程控制性评价,包括对教学过程、学习过程和管理服务过程的监测、评价与反馈。评价时既要注重对教学过程、学习过程及管理服务过程数据的收集和应用,又要强化对教育过程的监测、评价与反馈,及时作出调整和改进。

结果评价是对学生在一段时间内学习成果的最终评价,通常在课程结束、学期结束或整个学习阶段结束时进行。评价内容包括考试成绩、课程作业、项目作品、学术论文、技能考核、实习等方面,旨在了解学生掌握知识和技能的情况,衡量其是否达到了既定的学习目标和课程标准,为学生的未来学习和职业发展提供参考。

增值评价关注学生在一段时间内的学习进步和成长,而不仅仅只关注绝对成绩。其核心思想是通过比较学生入学时的初始水平与经过一段时间教育后的水平,来衡量学生知识和能力的增长情况。增值评价的开展有助于学生的全面发展,鼓励其持续学习和自我提升,同时为教师提供教学效果反馈,帮助其提高教学质量。

综合评价重在对学生的综合素质进行评价,强调"德智体美劳"五育融合,注重学生的全面发展。综合评价有助于解决"唯分数论"带来的教育资源同质化、学生精神世界空虚等问题,通过重视学生的个性化发展和素质的全面提升,更好地促进学生的整体发展。

五个维度的评价既相互区别又相互统一,在评价时要注意多种方式相结合,对高校学生智育水平进行全面、系统、综合的评价。

3.多项内容

高校学生智育评价内容强调知识与智慧并重。智育不仅仅是让学生获取专业知识,更重要的是培养学生的智慧、创造精神以及思考能力,鼓励学生不仅仅要成为学术上的学霸,更要成为才华和智慧兼备的人才。

智育评价主要包括学科专业知识评价、创新思维能力评价、专业实践能力评价三方面的内容。学科专业知识评价包括对学生所掌握的理论知识、应用知识、交叉知识的评价;创新思维能力评价包括对学生学术素质水平、科研能力、创新成果的评价;专业实践能力评价包括对学生实践精神、实践技能、实践成果的评价。

4.多种功能

智育评价价值取向应由鉴定甄选转向导向激励,评价结果运用由"鉴定达标—奖惩并用"转向"诊断问题—持续改进"①。构建高校学生智育评价体系时,不能仅仅关注评价的选拔、筛选功能,更多的是关注其能否发挥评价的反馈、激励等功能。

对高校学生智育评价的反馈应及时、动态、全面。对学生而言,评价结果反馈有助于其发现自身不足,帮助其调整和分配时间与精力。对教师而言,一方面可基于反馈结果指出学生的优点和需要改进的地方,帮助学生明确学习目标和提高学习效率;另一方面可及时发现教学中存在的问题,调整教学策略。对学校而言,可以根据反馈结果制订或修改相应的制度规章,促进高校整体智育水平的提升。

高校学生智育评价的激励举措包括正向激励和反向激励。正向激励是指通过奖励、表扬等积极手段来激发和强化学生优秀表现的策略,包括奖学金制度、荣誉体系等。如西南大学设置国家奖学金、国家助学金等各项奖学金制度,设置优秀学生标兵、砥砺奋斗奖、学术科技奖、体育活动奖、文艺活动奖、劳动实践奖等奖项,对在学习、科研、创新、社会实践等方面表现突出的学生进行奖励,旨在促进学生的全面发展,鼓励他们在学业和学术方面取得优异成绩,同时培养他们的创新能力和实践能力。反向激励是指通过负面结果或惩罚来激励学生改善表现的策略,包括对成绩不佳或学习态度不端正的学生采取学术警告、补考、重修、留(降)级、结

---

① 程耀忠,刘仁金,陈尚达.新中国成立以来高等教育评价制度改革的历史演进及逻辑理路[J].黑龙江高教研究,2023,41(4):45-50.

业、肄业等。无论是正向激励还是反向激励,目的都是促进学生智育发展。

(二)体系构建

高校学生智育评价指标体系的构建应围绕高校发展定位,结合高校人才培养、科学研究等职能,基于促进学生智育发展,科学设置体现学生成长成才的观测点,并设置不同指标权重,在此基础上构建指标体系[①]。在构建指标体系时,要先确定指标选取原则,据此选择相应指标并构建指标体系。

1.指标选取原则

(1)全面性

智育评价指标体系应具有全面性,具体包括评价对象的全面性和内容的全面性两方面。评价对象的全面性是指评价指标应覆盖所有学生,为不同学生提供个性化、开放性的评价;评价内容的全面性是指评价指标应包括对学生的学习成绩、综合素质、就业状况、职业发展等各方面内容的评价[②],多角度、多层次、多维度地考查学生智育水平,综合反映人才培养成效[③]。

(2)可行性

学生智育评价指标需要保证评价体系科学合理,具有较强的可操作性。评价体系要便于理解,既要真实地反映学生智育水平,又要确保评价过程和评价结果可行,以便在实践中运用。

(3)数据化

学生智育评价指标应可数据化,能够形成数据化结构模型。评价指标应尽量量化,指标数据要具备可获得性,对于应该考虑但又难以获得客

---

① 沈华东,李牧,关帅锋.系统推进新时代高等教育评价改革路径探究[J].武汉理工大学学报(社会科学版),2023,36(4):120-126.
② 沈华东,李牧,关帅锋.系统推进新时代高等教育评价改革路径探究[J].武汉理工大学学报(社会科学版),2023,36(4):120-126.
③ 范涛,梁传杰,曾庆东.基于模糊综合评价法的研究生综合质量评价体系构建及应用研究[J].黑龙江高教研究,2016(11):85-90.

观数据的指标,通过指标标准化处理使指标数量具有可叠加性。通过数据化,使指标具有相对可比性,既能纵向对比,又能横向对比,同时具备准确性,能精准表达指标的确切意义。

(4)代表性

学生智育评价指标要有代表性,要能反映学生智育的本质特征,设置不能过多过细,也不能太少太简,不能设置反映同一内容的重复指标,应重点体现对学生的学科专业知识、创新思维能力、专业实践能力的评价。

(5)差异性

学生智育评价指标体系要体现差异性,应针对不同类型的高校设置差异化的评价指标体系,或者在同一指标体系下根据不同高校的情况赋予指标不同的权重。

2.指标体系构建

西南大学在学生智育评价指标体系构建方面作了许多有益的探索,基于智育评价指标选取原则,构建了面向产出和面向过程的智育评价体系。

(1)面向产出的智育评价体系

自2018年开始,学校全面贯彻OBE(OBE是Outcome-Based Education的缩写)理念,建立了面向产出的人才培养体系和评价体系。

组织各专业依据专业质量标准、专业认证标准、行业标准、课程标准等要求,制定符合本专业的培养目标、毕业要求和课程体系,使课程体系支撑毕业要求的达成,毕业要求支撑培养目标的实现。各专业聚焦产出导向,按照反向设计、正向施工的人才培养路径,根据课程目标设计课程内容、教学方法和考核方式,建立课程目标与毕业要求、课程目标与教学内容、课程目标与考核评价方式之间的关系表。

出台人才培养质量达成评价管理办法,聚焦评价学生学习成效,学校通过对课程目标、毕业要求和培养目标的达成进行评价,建立面向产出的学生智育评价机制,并建立依据评价结果进行持续改进的机制。

专业人才培养目标达成评价每年进行一次。评价主体涵盖本专业学生、教师、学院(部)教学督导、学院(部)管理人员、学校相关部门管理人员、各级教育行政部门、毕业生、用人单位和学生实习实践单位、校外专家、家长等利益相关方。评价方式包含反思自查、调研分析、咨询研讨、交流研讨、国际交流、问卷调查、访谈调查、座谈会等。评价结果作为专业人才培养目标修订的重要依据——每四年修订一次专业人才培养目标。

专业毕业要求达成评价每年进行一次。评价主体涵盖本专业毕业生、专业教师、兼职教师、辅导员、学院(部)领导及教学管理人员、校外专家、用人单位和学生实习实践单位等利益相关方。学校通过对毕业要求进行合理的分解,使每个指标点由2—6门课程支撑,按照每门课程对指标点的贡献度合理分配权重,依据课程目标达成情况和相应课程的支撑权重,评价各专业学生的毕业要求达成情况。评价结果可作为各专业改进教学环节、优化课程体系的重要依据。

课程目标达成评价在每门课程结束后进行。评价主体涵盖学生、专任教师、学院(部)教学督导、学院(部)管理人员、校外专家等利益相关方,课程负责人为课程目标达成评价责任人。评价主要采用定量评价与定性评价相结合的方法,通常包括课程调查问卷、访谈、课程考核成绩分析法等。评价结果可帮助教师了解学生具体学习情况以及课程目标达成情况,有针对性地调整教学内容,改善教学方法,推进课程教学改革。

(2)面向过程的智育评价体系

为整体提升研究生人才培养成效,对研究生科研能力、创新思维能力和专业实践能力等进行评价,学校运用CIPP模型,即背景(Context)、输入(Input)、过程(Process)和成果(Product)评价模型,构建面向过程的研究生智育评价体系。

CIPP模型是由美国教育评价专家斯塔弗尔比姆等学者在20世纪60年代提出的,注重对教育目标本身的评价,是强调过程导向、决策导向与改进功能的教育评价理论模型。其核心不仅在于检测是否达到确定目标,更在于为决策者提供反馈信息,从而改进教育服务。CIPP模型能对项目实施的前、中、后期进行评价,既能对项目的成果进行评价,也能实现对过程的持续监控,有助于管理决策和项目的改进,具有全面性、系统性、人本性、客观性[①]。

学校基于CIPP模型构建研究生智育评价指标体系,按照全面性、可行性、代表性等原则,采用德尔菲法确立一级、二级和三级指标,对应背景、输入、过程和成果评价四大阶段,设置智育基础条件、智育输入评价、智育过程评价和智育成效反馈4个一级指标,17个二级指标,27个三级指标,覆盖了学生学业成长全过程。详情见表4-1。

表4-1 基于CIPP模型的研究生智育评价指标体系

一级指标	二级指标	三级指标
智育基础条件	学生情况	学生入学时的相对排名
	学校声誉	学校在同类高校中的排名
	选拔机制	招生选拔、专业分配等机制是否合理
	学科专业	所学专业是否为优势特色专业
	师资配备	所在学院师资中博士学位占比
智育输入评价	经费投入	生均经费投入
	课程设置与教学	生均通选(可选)课课程门数
		教授为本科生上课
		课程教学管理
	综合能力培养	学生参加社会实践机会
		学生参加科研实践机会
	人才培养管理服务	补考、重修、降级、分流、延迟毕业、退学
智育过程评价	学科专业知识	学科理论知识
		学科应用知识
		学科交叉知识
	创新思维能力	学术素质水平

① 唐彪,张学敏,奉楠,等.研究生主持科研项目实施绩效:评价体系与实证分析[J].中国农业教育,2024,25(1):59-68.

续表

一级指标	二级指标	三级指标
智育过程评价	创新思维能力	学术科研能力
	专业实践能力	专业实践精神
		专业实践技能
智育成效反馈	教学成效	学生成绩
	科研成效	学术创新成果
	实践成效	专业实践成果
	学业成效	是否顺利获得学位
		是否获得优秀毕业生
	就业成效	学生就业率
		学生就业满意度
		用人单位满意度

智育基础条件评价是在特定环境下对学生智育发展的资源和机会进行诊断性评价,通过评价可了解研究生智育发展的相关环境基础,从而分析各方需求。智育基础条件评价分为学生情况、学校声誉、选拔机制、学科专业、师资配备等5个二级指标。学生情况通过学生入学时的相对排名衡量,学校声誉通过学校在同类高校中的排名衡量,选拔机制通过考查招生选拔、专业分配等机制是否合理来体现,学科专业通过所学专业是否为优势特色专业衡量,师资配备通过所在学院师资中博士学位的占比体现。

智育输入评价是对学生智育发展所需且可能获得的资源、工具、方法等条件进行评价,其实质是对智育发展的可行性的评价,评估研究生在智育过程中对各种资源的利用程度。智育输入评价包括经费投入、课程设置与教学、综合能力培养、人才培养管理服务4个二级指标。经费投入是保障智育发展的必要条件,用生均经费投入衡量;课程设置与教学是智育发展的基础条件,通过生均通选(可选)课课程门数、教授为本科生上课、课程教学管理3个三级指标来衡量;综合能力培养是学生智育发展的有效手段,用学生参加社会实践、科研实践机会2个三级指标衡量;人才培养管理服务是智育发展的组织保障,是促进学生智育发展的重要保证之一,通过补考、重修、降级、分流、延迟毕业、退学等举措反向促进。

智育过程评价是一个动态的、持续的过程,旨在全面评估学生的学习过程和成果,促进学生全面发展。智育过程评价包括学科专业知识、创新思维能力、专业实践能力3个二级指标。学科专业知识是智育的基础内容,通过学科理论知识、学科应用知识、学科交叉知识3个三级指标衡量;创新思维能力是智育的重要方面,通过学术素质水平、学术科研能力2个三级指标考查;专业实践能力是职业发展的直接体现,通过专业实践精神、专业实践技能2个三级指标考查。

智育成效反馈主要是对智育活动效果的评价和反馈,通过有效的反馈机制为决策服务,不断优化智育活动,更好地促进学生智育的发展。智育成效反馈包括教学成效、科研成效、实践成效、学业成效、就业成效5个二级指标。教学成效是智育成效的最基础评价,通过学生成绩来衡量;科研成效是智育成效的最直接评价,通过学术创新成果来衡量;实践成效是智育成效的最实用评价,通过专业实践成果来衡量;学业成效是智育成效的最直观评价,通过是否顺利获得学位、是否获得优秀毕业生2个三级指标来衡量;就业成效是智育成效的社会评价,通过学生就业率、学生就业满意度和用人单位满意度3个三级指标来衡量。

四、高校学生智育评价的实施路径

完善的高校学生智育评价体系可以全面衡量学生学科素养和知识技能整体水平。高质量的高校学生智育评价实施能使整个高校教学活动处于良性循环与运转状态中,对学生和教师双方皆有积极作用,既可以促进学生的学习,也可以促进教师的教学。

(一)制订评价方案

制订评价方案包括明晰评价内容、明确评价标准、找准评价方法、落实评价主体、制订实施计划等方面。

1.明晰评价内容

在制订智育评价方案时,首先要明晰评价的内容。智育指的是向学生传授系统的科学理论知识与专业基本技能,培养学生的创新性思维和批判性思维,引导和帮助学生开展独立的科学探索与理论研究,从而促进学生智力发展和本领提升的过程。智育的丰富内涵,使智育评价内容也具有多样性。既要对学生课程学习情况进行评价,也要对学生的实习实训等开展评价;既有对学生的学习能力、学习态度、学习方法方面的评价,又有对学生的思维能力、知识水平、智力开发等方面的评价。

2.明确评价标准

不同的评价内容,决定了不同的评价标准。以课程目标达成情况评价为例,课程目标达成情况评价依据包括课程大纲中的课程目标、课程目标与毕业要求指标点的对应支撑关系、课程考核(含过程性评价)情况、学生对课程的评价等。

学校参考美国教育心理学家布卢姆(Benjamin Samuel Bloom)对认知领域教育目标的分类——"记忆—理解—应用—分析—评价—创造",要求教师在考核时明确相关考核内容与评价学生认知思维目标层次的对应关系,详见表4-2。

表4-2　西南大学考核合理性评价记录表

1.考核基本情况					
课程名称			考核教师		
考核对象		专业		班级	考生人数
考核方式					
2.试题情况(命题教师填写)					
课程目标	对应考核内容		所占分值		认知维度
课程目标1:……					记忆　理解　应用 分析　评价　创造

续表

2.试题情况（命题教师填写）			
课程目标	对应考核内容	所占分值	认知维度
课程目标2：……			记忆　理解　应用 分析　评价　创造
课程目标3：……			记忆　理解　应用 分析　评价　创造
课程目标4：……			记忆　理解　应用 分析　评价　创造
……			
课程目标N：……			记忆　理解　应用 分析　评价　创造
教师签字：　　　　　　　　　日期：			
学院课程考核审核工作组意见 签名：　　　　　　　　日期：			

3.找准评价方法

实施评价计划时要根据评价内容和标准，明确评价方法是否与之匹配，所选择的评价方法应能为评价使用者提供足够的信息、能充分展示学生的学习成果。为避免单一评价方法的不足，在评价实施中，通常采用直接评价与间接评价相结合、定性评价与定量评价相结合、内部评价与外部评价相结合的多元评价方法。

以课程目标达成情况评价为例，评价时一般采用基于课程考核成绩的定量评价和基于学生学习亲身体验、主观感受的定性评价方式进行。评价结束后，课程负责人综合定量评价和定性评价的结果，分析各课程目标的达成情况并形成评价报告。

4.落实评价主体

学校聚焦学生学习成果和学生发展,构建多元主体的评价机制。以课程设置与教学评价为例,专业负责人主要评价课程体系的设计,分析课程与毕业要求之间的映射关系;学科专家判断课程设计是否涵盖学科发展的前沿知识;行业及企业专家根据行业要求评价专业课与行业未来发展的契合度;用人单位评价学生的能力是否满足特定岗位的需求;毕业生评价课程学习对职业发展的有效度;教学研究人员评价基础课程体系对人才培养的支撑作用①。

5.制订实施计划

在明确评价内容、标准、方法、主体后,要制订相应的评价实施计划。可根据学生学业成长不同阶段,分阶段开展智育评价。课程评价一般在课程结束后进行;专业发展评价一般在完成基础课程学习后开展,期限可达1—2年;毕业论文评价在完成基本学分后开展,评价周期可达1—2年;学业整体评价在基本学制内开展;就业成效评价期限可延长到学生毕业后5年。评价内容不同,制订的实施计划会有明显不同。

(二)实施评价计划

实施评价计划包括确定评价对象、聚焦整体目标、落实环节跟进等方面。

1.确定评价对象

高校学生智育发展的评价对象除学生外,还包括影响学生智育发展的各类因素,如学生入学前的基本情况、学校声誉、学校选拔机制、学校学科专业、师资配备、经费投入、课程设置与教学、综合能力培养条件、人才

---

① 黄伟.基于OBE理念的高校课程质量评价体系优化[J].江西电力职业技术学院学报,2022,35(9):145-147+156.

培养管理服务以及与智育相关的教学成效、科研成效、实践成效、学业成效、就业成效等。开展具体评价前,要提前明确评价对象。

2.聚焦整体目标

高校应以立德树人为根本任务,以培养环节的质量要素和学生的学习成效为基础,关注学生的培养过程和长远发展,建立以学生学习与发展成效为核心的学生智育评价体系。学校要求各专业立足于社会发展和人才培养需求,以学生能力培养和发展成效为导向,制订专业培养目标,为支撑培养目标的达成而制订相应的毕业要求(学生学习产出),设计课程教学与实践教学环节支撑毕业要求的达成。各课程应制订合理的课程目标,课程目标对学生在课程结束后能够获得怎样的知识、能力与素质进行明确,课程考核方式与课程目标之间的对应关系要清晰。

3.落实环节跟进

开展智育评价时应及时跟进,落实各个环节的工作。如在开展课程目标达成情况评价时,教师要根据课程目标和评价标准,利用各种方法和手段,对学生的学习过程进行仔细观察和记录,信息收集工作应贯穿于学生课程学习的各个环节。

以西南大学计算机科学与技术专业"计算机网络"课程为例,学校以学生能力培养和发展成效为导向,科学设计课程目标,详见表4-3;教师根据学生学习情况(包括学生课堂练习和讨论等课堂活动参与完成表现、课后作业完成情况、实验项目课堂完成情况、实验报告成绩等),开展课程目标达成评价,详见表4-4、4-5、4-6。

表4-3 "计算机网络"课程目标

序号	课程目标	课程支撑的毕业要求指标点
课程目标1	能描述计算机网络层次协议模型每层的服务模型、主要功能、典型协议、工作原理等基础理论知识	毕业要求指标点1-3:具备软硬件系统分析、设计、开发、维护与研究的能力,能够胜任与计算机相关的软件开发、系统设计、信息处理与分析、软硬件系统管理与维护等工作
课程目标2	能应用计算机网络的基本原理和基本方法,分析常用网络应用的实现过程	
课程目标3	掌握计算机网络常用网络设备的配置、故障处置的方法和技术,能搭建小型网络,实现网络终端互联互通	毕业要求指标点3-2:能针对特定需求进行算法和软硬件功能模块设计,并能对信息获取、传输、处理或使用等需求的单元(部件),设计/实现系统可行性进行研究,能在设计中体现新意识、新思路
课程目标4	理解并掌握网络规划与设计的基础知识,能针对特定需求,设计基于Internet分类地址的网络规划方案	

表4-4 "计算机网络"课堂活动参与完成表现、课后作业完成情况评价标准

评价等级	评价标准
优秀(90—100分)	严格遵守课堂纪律,积极主动参与课堂讨论,按要求完成课堂练习且正确率高
良好(80—89分)	遵守课堂纪律,经常参与课堂讨论,按要求完成课堂练习且正确率比较高
中等(70—79分)	比较遵守课堂纪律,较少参与课堂讨论,按要求完成课堂练习且有一定正确率
及格(60—69分)	比较遵守课堂纪律,偶尔参与课堂讨论,按要求基本完成课堂练习且基本正确
不及格(0—59分)	不太遵守课堂纪律,不参与课堂讨论,未按要求完成课堂练习且正确率低

表4-5 "计算机网络"实验项目课堂完成情况评价标准

实验项目	评价标准				
	优秀	良好	中等	及格	不及格
	90—100分	80—89分	70—79分	60—69分	0—59分
实验项目1 网络基本组成及双绞线制作	了解网络设备的用途和关系,可熟练制作双绞线接头,并且功能稳定正常,接头坚固	了解网络设备的用途和关系,可独立完成双绞线接头的制作,并且功能正常,接头坚固	了解网络设备的用途和关系,可独立完成双绞线接头的制作,并且功能正常	了解网络设备的用途和关系,勉强能制作双绞线,并且通信引脚功能正常(1、2、3、6引脚)	未能了解网络设备的用途或关系,或双绞线制作失败,或制作后通信引脚功能无效
实验项目2 服务器配置及分包抓析	充分掌握Web/DNS服务器配置方法,熟练分析HTTP/DNS协议;课堂内自主迅速完成配置要求,快速独立完成协议分析题目	较好掌握Web/DNS服务器配置方法,能够分析HTTP/DNS协议;课堂内独立完成配置要求,独立完成协议分析题目	基本掌握Web/DNS服务器配置方法,基本掌握HTTP/DNS协议;课堂内在老师或同学指导下基本完成配置和协议分析	掌握一定的Web/DNS服务器配置方法,会分析HTTP/DNS协议部分内容;课后能基本完成配置和协议分析	未能掌握Web/DNS服务器配置方法;无法分析HTTP/DNS协议部分内容;课后也未能完成相关配置和协议分析
实验项目3 TCP/IP协议分析及TCP通信编程	充分掌握TCP/IP协议分析与设计;充分掌握TCP/IP三次握手原理;独立较好完成基于TCP的程序设计	较好掌握TCP/IP协议分析与设计;较好掌握TCP/IP三次握手原理;较好完成基于TCP的程序设计	基本掌握TCP/IP协议分析与设计;基本掌握TCP/IP三次握手原理;能够完成基于TCP的程序设计	掌握TCP/IP部分协议分析与设计;不完全理解TCP/IP三次握手原理;基本完成TCP的程序设计	未能掌握TCP/IP部分协议分析与设计;无法完全理解TCP/IP三次握手原理;不能完成TCP的程序设计

续表

实验项目	评价标准				
	优秀	良好	中等	及格	不及格
	90—100分	80—89分	70—79分	60—69分	0—59分
实验项目4 交换机和路由器系统配置	充分掌握交换机和路由器的系统配置、故障处置的方法和技术,课堂内迅速完成设备配置要求,实现网络互联互通	较好掌握交换机和路由器的系统配置、故障处置的方法和技术,在老师或同学指导下完成设备配置要求,实现网络互联互通	基本掌握交换机和路由器的系统配置、故障处置的方法和技术,在老师或同学指导下基本完成设备配置要求,未实现网络互联互通	掌握一定的交换机和路由器的系统配置、故障处置的方法和技术,完成大部分设备配置要求,未实现网络互联互通	未能掌握交换机和路由器的系统配置、故障处置的方法和技术,仅能完成部分设备主要配置要求
实验项目5 自组织网络	能快速搭建起实验环境,并熟练部署好仿真系统进行仿真,精准高效地提取要求的仿真数据	能搭建起实验环境,仿真过程无误,可以提取出所有要求的仿真数据	能搭建起实验环境,仿真过程无误,可以提取出要求的仿真统计数据或抓包分析数据中的一类	能搭建起实验环境,仿真过程无误,所要求的仿真统计数据和抓包分析数据均未能全部提取	实验环境未能成功搭建,或者仿真过程失败

表4-6 "计算机网络"实验报告成绩评价标准

评价等级	评价标准
优秀(90—100分)	按要求完成实验内容,实验报告规范,实验过程记录翔实,实验内容表述清楚无误,实验总结分析全面,对实验学习过程和内容有较深入思考或反思
良好(80—89分)	按要求完成实验内容,实验报告比较规范,实验过程记录比较翔实,实验内容表述比较清楚无误,实验总结分析比较全面,对实验学习过程和内容有一定思考或反思
中等(70—79分)	按要求基本完成实验内容,实验报告比较规范,实验过程记录比较翔实,实验内容表述比较清楚,有一定的实验总结、分析和思考

续表

评价等级	评价标准
及格（60—69分）	按要求基本完成核心实验内容,实验报告比较规范,有实验过程记录,有简略实验总结或分析
不及格（0—59分）	未按要求完成核心实验内容,实验报告不规范,实验过程记录不清晰,实验总结分析欠缺

通过对"计算机网络"课程平时考核、实验考核和期末考核进行综合评价,得到课程目标达成情况,详见图4-2、4-3。

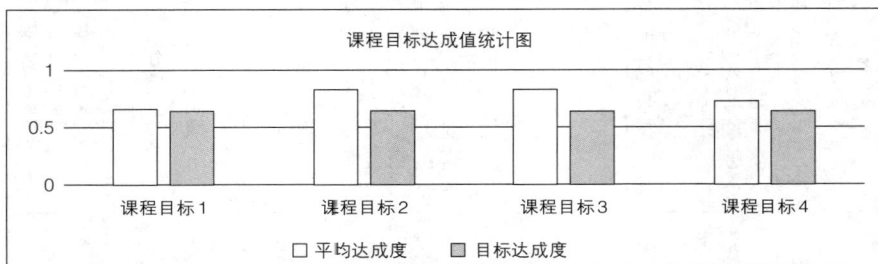

图4-2　"计算机网络"课程目标整体达成情况

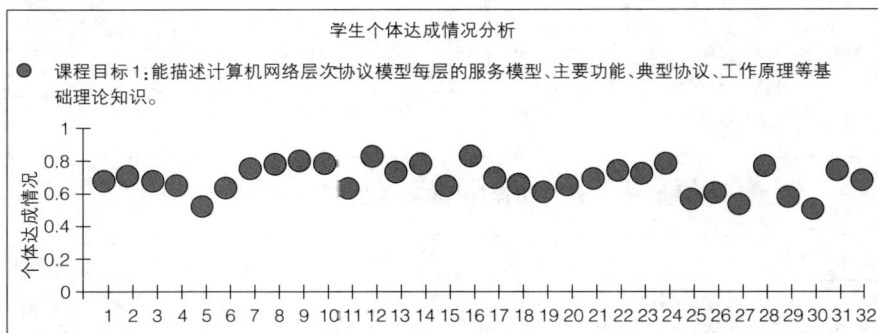

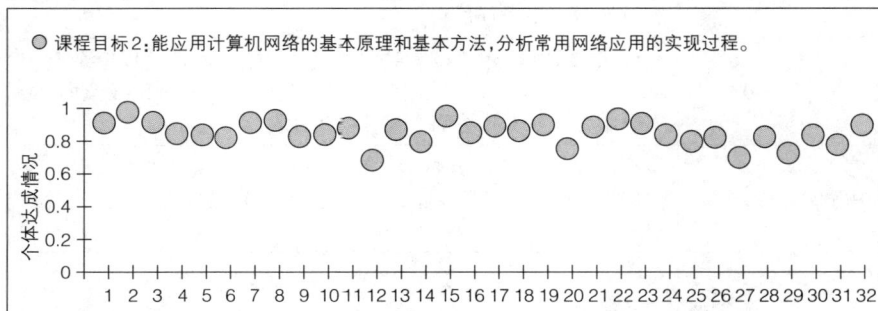

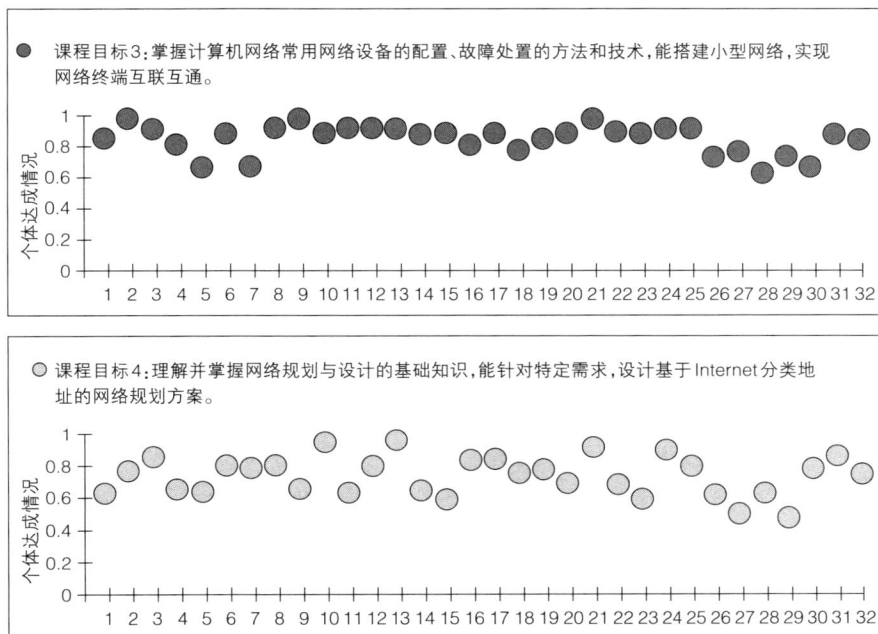

● 课程目标3:掌握计算机网络常用网络设备的配置、故障处置的方法和技术,能搭建小型网络,实现网络终端互联互通。

○ 课程目标4:理解并掌握网络规划与设计的基础知识,能针对特定需求,设计基于Internet分类地址的网络规划方案。

图4-3 "计算机网络"课程目标学生个体达成情况

根据评价结果可以看出,学生整体达成情况较好,但对于课程目标3和4,有少部分学生没有达成,这也是后续需要跟踪和改进的重点。

除通过过程性考核、实验考核和期终考核等直接评价方式以外,课程还通过学生问卷调查进行间接评价,详见表4-7。

表4-7 "计算机网络"课程学生主观评价表

姓名		学号		年级/专业/班级	
序号	调查内容			备选指标	
1	课程教学内容设置的合理性如何?			A.好 B.较好 C.一般 D.较差 E.非常差	
2	任课教师的教学方法如何?			A.好 B.较好 C.一般 D.较差 E.非常差	
3	实践教学对能力培养的效果如何?			A.好 B.较好 C.一般 D.较差 E.非常差	

续表

序号	调查内容	备选指标
4	是否能描述计算机网络层次协议模型每层的服务模型、主要功能、典型协议、工作原理等基础理论知识?	A.好　B.较好　C.一般 D.较差　E.非常差
5	是否能应用计算机网络的基本原理和基本方法,分析常用网络应用的实现过程?	A.好　B.较好　C.一般 D.较差　E.非常差
6	是否掌握计算机网络常用网络设备的配置、故障处置的方法和技术,是否能搭建小型网络,实现网络终端互联互通?	A.好　B.较好　C.一般 D.较差　E.非常差
7	是否理解并掌握网络规划与设计的基础知识,是否能针对特定需求,设计基于Internet分类地址的网络规划方案?	A.好　B.较好　C.一般 D.较差　E.非常差
你喜欢什么形式的教学方法? 你认为本课程在教授过程中应该在哪些方面进行加强?		
请从能力培养、教学环节、实践环节、课外活动等方面指出本课程目前存在的问题并提出建议:		

综合直接评价和间接评价结果,获得最终的"计算机网络"课程目标达成情况,详见表4-8。

表4-8　"计算机网络"课程目标达成情况

	课程目标1	课程目标2	课程目标3	课程目标4
直接评价达成情况	0.66	0.84	0.84	0.73
间接评价满意度	0.94	0.88	0.88	0.83
达成情况	达成	达成	达成	达成

从直接评价和间接评价的情况来看,学生对课程目标1的间接满意度评价显著高于课程目标1的直接评价达成情况,说明学生认为自己学到了很多知识,但尚未能较好地运用其去分析解决实际问题。

（三）运用评价结果

智育评价结果可运用于提供奖惩依据、助力学生发展、明确改进举措、持续修正偏离等方面。

1.提供奖惩依据

智育评价结果可以为学生奖学金评定、推优、保研等奖励性举措，补考、重修、降级、延迟毕业等惩罚性举措提供重要参考和依据，通过正向激励与负向约束相结合的方式，引导学生明确学习目标，激发学习动力，促进学生在知识掌握、能力提升和个性发展等方面取得全面进步。

2.助力学生发展

评价结果反馈作为智育评价的重要环节，可以利用量表等工具对被评价者的学习过程以及学习结果进行评价，生成系统化的评价报告，形成学生立体画像，更直观、整体地反馈学生的学习情况，帮助学生全方位地了解自己的学习情况，从而及时发现不足，反思得失，调整学习行为。以上述"计算机网络"课程为例，通过课程目标达成情况的评价发现部分学生未达成课程目标3和4，针对这部分学生，可以结合上课的实时评价情况，进行个别反馈，并提出后续帮扶计划。

3.明确改进举措

在智育评价中可以根据评价结果反馈明确进一步的改进措施。如通过对课程目标达成情况评价结果的反馈分析，可以发现课程教学短板，优化和更新课程大纲与教学内容，为进一步深化教育教学改革、改进课程教学方法和考核方式等提供重要依据。仍以上述"计算机网络"课程为例，从学生个体达成情况评价结果中可以分析出，课程目标3和4有少部分学生没有达成，说明在运用计算机网络知识进行规划、设计方案方面，部分学生学习成果不好，应关注不同学生的知识掌握及应用训练的差异情况，及时发现出现学习困难的学生,对学生实施课后辅导等帮扶措施;从学生整体达成情况结果中可以分析出,学生整体达成度高,但是高分偏少,说明对现有考核内容的设计还需进一步完善,增加对学生能力考核的区分度。据此,可以进一步明确课程的改进措施,如在后续课程教学过程中增加理论课的实践应用和知识拓展内容,增加与实践课相关的操作理论知识的介绍,在实验过程中减少路由器或交换机等网络设备配置指令等识记性内容,更侧重实际操作能力的培养,加强对学生的实践训练等。

4.持续修正偏离

智育评价结果可以帮助学校、教师或学生持续修正偏离。如评价结果可以帮助学校改进举措,当评价结果持续出现教学成效、科研成效、实践成效、学业成效、就业成效等较低的情况时,学校就需反向探究在学生培养的过程中资源投入、管理服务、培养方案制定等是否符合实际,进一步调整学校举措,通过加大资源投入、优化管理服务、完善培养方案等,实现学生整体智育水平提升的目标。评价结果还有助于评价指标的修正,根据评价结果可以分析出评价指标的选取是否符合实际,从而对其不断修正,使智育评价既能真实反映学生的实际智育情况,又能提升学生的智育发展水平。

第五章

高校学生体育评价

　　高校学生体育是高等教育的重要组成部分,是指以在校学生为参与主体的各类体育活动,包括体育课程、体育锻炼、体育竞赛等,旨在提升学生的身体素质、健康水平、运动技能、体育素养等,促进学生的身心健康和全面发展。高校学生体育评价是一个综合性的过程,主要对学生在体育课程、运动技能、体能、体育态度、合作精神以及体育道德等方面的表现进行客观、公正的评价。

一、高校学生体育评价的目的

随着教育改革的不断深入,高校学生体育评价作为体育教学的重要组成部分,日益受到人们的关注。体育评价不仅关系到学生的体质健康,还影响着体育教学质量和高校体育事业的发展。因此,探讨高校学生体育评价的目的,对于推动高校体育教学改革、提升学生体质健康水平具有重要意义。

(一)衡量高校体育质量与发展水平

高校体育是培养学生身心健康、全面发展的重要环节,在学校教育中肩负着重要的育人任务,作为德智体美劳五育中不可或缺的组成部分,其重要作用日益凸显。

体育教育的质量与以体育人的效果直接关联,直接关系学生综合素质的提升,对高校人才培养质量有着重要影响。在此背景下,体育评价显得尤为重要,它不仅是提升高校体育教学质量的关键,更是衡量高校体育发展水平的重要依据。

(二)推动高校体育教学改革

高校体育教学的"学""练""赛""评"中存在诸多问题。如"学"的环节学得不精、不新,技术教学"蜻蜓点水"且知识陈旧;"练"的环节练得不乐、不足,学生兴趣缺乏且练习量不足;"赛"的环节赛得太少、形式单一,体育比赛匮乏且缺乏多样性;"评"的环节评得片面、不合理,过度重视身体维度评价却忽视情感和价值维度的评价。同时,体育课程教学中长期存在"繁(项目繁多)、浅(蜻蜓点水)、偏(缺乏系统)、断(学段脱节)"现象,进一步加剧了这些问题的严重性。

针对这些问题,国家出台了相应的政策法规,强调了体育评价工作的重要作用,为高校体育评价工作指明了方向。2020年,中共中央办公厅、国务院办公厅印发《关于全面加强和改进新时代学校体育工作的意见》,明确提出要"积极完善评价机制",既要求"推进学校体育评价改革",还要求"完善体育教师岗位评价""健全教育督导评价体系"等。尤其是提出了要"围绕教会、勤练、常赛的要求,完善体育教师绩效工资和考核评价机制。将评价导向从教师教了多少转向教会了多少,从完成课时数量转向教育教学质量"。2021年6月23日,教育部办公厅印发了有史以来首个关于体育教学改革的文件——《〈体育与健康〉教学改革指导纲要(试行)》,将"能说出、能做对、能会用"作为评价教会了多少的标准,并强调体育学业质量系统化评价应建立在"知识、能力、行为、健康"这四个关联性强且与目标呼应的指标上。

高校学生体育评价可以及时发现当前学校体育教育中存在的问题和不足,为学校体育改革提供重要的参考。同时,体育评价的结果可以作为教师教学质量评价的重要参考,促进教师改进教学方法,提升教学技能,提高教学水平。

(三)实现高校以体育人的终极目标

体育是人类以身体活动为基本手段,认识自我、完善自我,进而促进社会发展的实践活动[①]。它以身体的存在和参与为前提,以身体为学习主体,以身体活动为手段。以体育人是指学校通过体育教学和体育活动,对学生进行全面的体育教育,以培养学生的体育素养、促进学生身心健康并推动学生综合素质的全面发展。学生在参与体育教育的过程中,可以通过身体的感知觉、运动觉、深度知觉等,达到身、心、群和谐与全面发展的教育目的。毛泽东同志曾深刻指出,体育在强健筋骨、增长知识、调和感情以及强化意志方面发挥着重要作用。习近平总书记也曾在不同场合讲到体育的重要性,如"体育承载着国家强盛、民族振兴的梦想""我们每个人的梦想、体育强国梦都与中国梦紧密相连"等。

---

① 杨桦.体育的概念、特征及功能——新时代体育学基本理论元问题新探[J].体育科学,2021,41(12):3-9.

作为"五育"的重要组成部分,体育在高等教育中具有非常重要的地位,对推动学生综合素质的全面发展发挥着积极作用,可以让学生在享受运动乐趣的同时达到增强体质、健全人格、锤炼意志等目的。享受乐趣是体育教育的基石。高校通过开展丰富多样的体育活动和竞赛,运用形式多样的教学方法,能激发学生对体育的兴趣和热情,使他们在参与过程中感受到快乐和满足。这种乐趣不仅来自运动本身,还来自与队友的合作、与对手的竞争以及挑战自我带来的成就感。增强体质是体育教育的基本任务。身体强健是学生进行学习和生活的基础,也是未来事业发展的有力保障。学生通过科学的体育锻炼,可以提升心肺功能、增强肌肉力量、提高身体协调性,从而拥有健康的体魄。健全人格是体育教育的重要目标。通过体育活动,可以培养学生的综合素养,如团队协作、公平竞争、遵守规则、尊重理解他人的品质以及积极向上的心态、健全的人格等,这些素养对学生未来的社会交往和职业发展具有重要意义。锤炼意志是体育教育的深层次目标。在体育锻炼中,学生需要面对各种困难和挑战,并通过不断努力和坚持来克服它们。这个过程能锻炼学生的意志力和毅力,培养他们面对挫折和困难时的勇气与决心。一个拥有坚强意志的人,在未来的生活和工作中将更具韧性和竞争力。

高校学生体育评价有利于更新体育教育观念,将体育教育从"以教定学"向"以学定教"转化,确立学生在体育教育中的主体地位,更加关注学生全面发展的需求,在激励学生积极参与体育活动、培养学生健康的生活方式、提高学校体育教学质量等方面发挥着重要作用。因此,各高校应积极构建合理的体育评价体系,创新课堂教学和课外活动,激发学生参加体育运动的积极性[1],从而实现"以体育人"的终极目标。

二、高校学生体育评价的主要内容

高校学生体育评价的主要内容分为身体基本素质评价、基本运动能力评价、运动技能水平评价、运动精神和体育态度评价四个方面。

---

[1] 潘丽萍.高校体育课程改革评价指标体系的优化研究[J].浙江体育科学,2019,41(6):73-77.

（一）身体基本素质评价

身体基本素质是指先天具备、后天获得的解剖结构、形态特点、生理功能系统的机能以及最基本的活动能力（走、跑、跳等）[①]。高校学生的身体基本素质直接关系着学生的健康状况和全面发展水平，是高校学生体育评价的主要内容之一。通过开展身体基本素质评价可以为学生提供个性化的体育教育和健康管理服务，促进学生养成良好的体育锻炼习惯和生活方式，提高学生的身体素质和生活质量。对身体基本素质的评价可从体能水平、运动技能、身体形态几个维度展开。

体能水平是指一个人各项体能指标的表现，包括耐力、速度、力量、柔韧性等。在高校学生体育评价中，常常通过体能测试，如跑步、跳远、引体向上等来评价学生的身体素质，评估学生的心肺功能、肌肉力量和爆发力等。这些测试，可以客观体现学生的体能水平，为制订个性化的体育锻炼计划提供参考。

运动技能是指人体在运动过程中掌握和有效地完成专门动作的一种能力[②]。在高校体育课程中，学生经常通过参与各种体育活动和比赛来提高运动技能。运动技能评价可以通过观察学生在比赛中的表现、技术动作的规范程度、对战术的理解等方面来进行，不仅可以促进学生运动技能的提高，还可以培养学生的团队合作意识和竞争意识。

身体形态，涵盖了个体的身高、体重、体型等身体结构和外貌特征，是学校评估学生健康状态的重要指标之一。良好的身体形态对学生的健康和形象都非常重要，有助于提升学生的自信心和自尊心，增强体育锻炼的积极性和主动性。通过监测学生身体形态的发育变化，评估学生呼吸机能及身体素质，学校能全面而准确地了解学生的健康状况，及时发现和纠正学生身体发育不良、姿势不正等问题，促进学生身体的健康发展。

---

① 徐明俊,刘永福.身体素质概念新论[J].商丘职业技术学院学报,2009,8(2):117-119.
② 仇索,仇乃民.身体与学习:运动技能习得的新理论视角[J].体育学刊,2022,29(5):8-15.

（二）基本运动能力评价

基本运动能力是指人体从事各种运动时所表现出来的基本活动能力，包括维持日常生活必需的走、跑、跳、攀爬等，综合地表现于体育活动过程之中，展现了人体的力量、速度、耐力、灵活性和协调性，是人的身体形态、机体机能和运动素质等诸方面的综合体现，也是个体完成日常生活、活动和参与体育运动所需的基础身体能力[①]。高校学生基本运动能力除了行走、奔跑、跳跃、投掷、旋转和悬垂，还包括技战术运用、展示和比赛等。对高校学生基本运动能力进行评价有助于促进学生身体的健康发展、提高学生运动效果、激发学生运动兴趣，同时对改善教育教学质量以及推动体育科学研究也具有重要意义。

目前高校学生基本运动能力的评价指标主要有心肺能力、肌肉力量和肌耐力、速度和敏捷性、柔韧性、体重指数等方面。评价时应秉持科学性、全面性、客观性、合理性和公正性的原则；考虑学生的专业特点和身体状况，采取个性化的评价方法；设置不同的难度级别进行定量测试，以适应不同体能水平的学生。除了传统的体能测试，还可以引入现代技术手段，如使用心率监测器来评估心肺功能；应注重过程评价和结果评价的结合，鼓励学生积极参与并关注自身的进步；对评价结果进行分析，针对学生具体情况进行个性化运动计划制订等。

（三）运动技能水平评价

运动技能指的是在体育学习和锻炼过程中，个体掌握并完成各种运动动作的能力。它是一种主观经验的表现，是以一定的身体和心理素质为基础的，主体对特定运动技术的掌握表现[②]。运动技能水平包括一系列与运动表现相关的因素，如技术、战术理解、身体协调性、运动过程中的反应时间、力量、耐力、速度和灵活性等。高校学生运动技能水平评价指标通常包括技术熟练度、战术理解、身体素质、心理素质、规则理解、比赛经

---

① 欧阳婷.西安市中小学生基本运动能力及功能性动作评价的研究[D].西安:西安体育学院,2015.
② 袁兆卓."运动技能"在体育课程教学中的实现[J].小学时代(教师版),2009(8):82.

验、训练态度和纪律等方面。

运动技能水平评价结果在促进学生自身全面发展、提高教学质量、培养优秀体育人才方面具有重要作用。对学生而言,运动技能水平评价有利于帮助学生发现和弥补自身不足;有利于提高学生身体素质,增强体质,锻炼学生心肺功能,增强肌肉力量和耐力,提高身体的协调性和灵活性;有利于培养学生的吃苦精神和抗压能力,运动技能水平的提高是反复练习的结果,在这个过程中,学生的生理和心理都要承受极大的压力;有利于塑造学生的自尊和自信,在运动技能习得的过程中获得的正向反馈,可以增强学生的自尊心和自信心。此外,运动技能水平评价还有利于加强教师与学生之间的沟通,从而提高教学质量;可以筛选出在体育方面表现优秀的学生,培养体育后备人才。

在开展运动技能水平评价时应丰富评价内容,注重对学生语言表达(是否能说出)、动作表现(是否能做对)、能力体现(是否能会用)等多方面的检验,打破以往只对运动技术、体质健康等某一方面的评价,更加注重"知识、能力、行为、健康"综合评价指标体系的建立。为增加评价方式的便捷性、评价结果的精准性,鼓励引入人工智能等技术,完善多样化的评价方式,提升评价效果①。

(四)运动精神和体育态度评价

体育精神作为一种文化意识形态,是通过体育运动而形成并集中体现出人类的力量、智慧与进取心理等最积极意识的总和,是体育运动的最高级产物②,这是一直以来被人们所歌颂的精神,其在不同时期、不同国家有着不同的内涵。新时代的中华体育精神融合了体育精神和中华民族精神,是以爱国奉献、团结协作、公平竞争、拼搏自强、快乐健康为主要价值

---

① 中华人民共和国教育部.教育部办公厅关于印发《〈体育与健康〉教学改革指导纲要(试行)》的通知[EB/OL].(2021-06-30)[2024-05-04].http://www.moe.gov.cn/srcsite/A17/moe_938/s3273/202107/t20210721_545885.html.
② 李可兴,黄晓丽.高校体育精神的特质与培育[J].北京体育大学学报,2006(9):1196-1197.

标准的意识、思维活动和一般心理状态[①],如我们耳熟能详的"女排精神"等。

在高校层面,中华体育精神表现为高校学生的运动精神与体育态度。运动精神是指学生在体育活动和竞赛中所展现的积极、健康、公平和尊重等特质,主要表现在热爱运动、团队合作、公平竞争、自我挑战、尊重对手、自律自省、礼貌礼仪等方面。体育态度是指学生在参与体育活动和锻炼时持有的心理倾向,包括个体对运动的认知、情感和行为意向。运动精神和体育态度是高校学生在体育运动中的行为准则、是学生体育评价的重要依据以及高校体育文化氛围形成的基础。

对高校学生运动精神和体育态度的评价可从以下几个方面进行:一是参与体育锻炼的积极性,高校学生应该积极参与体育锻炼,保持身体健康,增强体质;二是团队合作精神,高校学生应该具备团队合作精神,能够与他人协作,共同完成任务,主要表现在高校体育赛事成绩的优劣;三是自律性,高校学生应该具备自律性,能够自觉遵守纪律,在保证体质健康的情况下完成相关学业任务;四是坚持不懈,高校学生应该具备坚持不懈的精神,能够在面对困难时不抛弃、不放弃;五是挑战自我,高校学生应该具备挑战自我的态度,不断突破,不断追求进步和发展;六是礼貌礼仪,高校学生应注重体育运动时的礼貌礼仪,尊重对手,尊重裁判,培养体育道德;七是运动认知,高校学生对体育运动常识应有基本的认知与了解,充分认识运动对健康的重要性;八是情感成分,评估学生对运动的喜好程度以及在运动中感受到的满足感和成就感。

三、高校学生体育育人体系构建路径

高校学生体育育人体系是一个系统工程,需要从目标、内容、文化建设等多个维度进行综合考虑,其构建路径就是这项工程的"施工队",即解决"怎么做"的问题,主要包括深化体育教学改革、构建体育训练体系、完善体育竞赛体系、健全体育评价体系、数智化赋能体育评价五个方面。

---

① 黄莉.中华体育精神的文化内涵与思想来源[J].中国体育科技,2007(5):3-17.

（一）深化体育教学改革

1.内涵

体育教学是一个有计划、有组织的教育过程,旨在通过教师和学生的互动来实现特定的教育目标。对体育教学而言,其核心与关键在于教授学生体育知识、技术与技能,同时增强其体质,并在此过程中注重培养学生良好的道德、意志和品质。它也是学校体育活动的基本组织形式,是实现以体育人、立德树人目标的重要途径。体育教学强调"人人受益",在教学活动中应当考虑每个学生的个体差异,因材施教,确保所有学生都能从中获得积极的体验和发展。它能帮助学生养成健康的生活习惯,为终身体育打下坚实的基础。

《〈体育与健康〉教学改革指导纲要(试行)》指出了"享受乐趣、增强体质、健全人格、锤炼意志"的改革目标,确立了更新教学观念、优化教学内容、创新教学过程、完善评价体系的改革内容。高校深化体育教学改革应基于此进行顶层设计,内容涉及教学观念的变革、教学内容的丰富、教学方法和评价体系的优化等多个方面。

深化体育教学改革的目的不仅仅是增加体育课时或丰富课程内容,还要通过一系列措施全面提升体育教育质量,促进学生身心健康的全面发展,使学生养成并具备终身体育锻炼的习惯和能力。其意义主要体现在以下三个方面:一是有利于通过体育课程的优化和创新,加强学生思想政治教育,培养具有良好品德和社会责任感的人才,实现立德树人的根本任务;二是有助于提升学生的综合素养,包括创新精神和实践能力,促进学生的全面发展,更好地适应社会发展的需要;三是有助于提高体育教师的专业素养,提升他们在思政教育和专业技能方面的教学能力,采用更加科学和有效的教学方法,提高教学质量,使体育课程更加具有吸引力,提高学生的参与度。

2.具体措施

高校深化体育教学改革应以《〈体育与健康〉教学改革指导纲要(试

行)》为指导,从体育教学课程目标设置多维化、课程教学内容一体化、教学内容体系组织结构化和情景化以及学生身心健康发展全面化等方面开展。

体育教学课程目标设置多维化。如有学者提出"可选择性的专项化体育教学"[①],即实现"教会、勤练、常赛"的大单元体育教学。这种教学方式可保证充分的教学时间,提高教学有效性,在每个单元穿插不同的主题教育,如爱国主义教育、劳动教育以及德育教育,以实现课程目标的多维化。

课程教学内容一体化。体育课程要"形成'纵向衔接、横向一致、内在统一、形式联合'的一体化完整体系""建立联动机制,在'生本化'理念、'层次化'目标、'结构化'内容、'多样化'实施和'多元化'评价的基础上联合发力",从而具有科学性、逻辑性、系统完整性和衔接性[②],体系的构建应牢牢把握课程目标,符合学生的身心发展规律。

教学内容体系组织结构化和情景化。要加强教学课堂的结构化,合理分配基本技能练习时间、运动技能学练时间、比赛时间以及拉伸放松时间,满足"以赛代练"的指导要求,实现教学情景化。

学生身心健康发展全面化。深化体育教学改革过程中应树立"健康第一"的教育理念,注重学生生理的健康以及心理的健康。在体育教学过程中应加强学生的体能锻炼(如在循环教学法中增加体能训练比重),同时融入健康方面的知识以及对学生行为、实践的指导,并且关注学生的心理健康。

最后,深化体育教学改革离不开对体育教学评价的改革。体育教学过程是一个多元主体参与的过程,因此其评价体系也应有多元主体参与。在评价过程中,应始终贯彻立德树人的目标,落实落细"四位一体"的教学指导,对运动能力、健康行为、体育品德等核心素养进行多维度、多层次的评价,并建立评价监督体系,保证评价的充分落实,深化体育教学改革。

① 张以,赵晓丹,毛振明.新一轮体育课程教学改革视域下的"大单元体育教学"[J].体育学刊,2022,29(6):127-133.
② 于素梅.体育课程一体化联动机制及其有效运行[J].首都体育学院学报,2021,33(1):62-66.

3.实践

西南大学着力提升体育教学质量,重构公共体育教学新体系。

优化体育课程教学计划,探索体育课程覆盖高等教育所有阶段。一、二年级本科学生体育必修课开设不少于144个学时,三、四年级本科学生开设体育选修课和体质达标课。完善三、四年级本科学生的体育素质考查机制,在原有评价基础上,增加课外体育锻炼评价指标,深化高等教育"四年一贯制"体育课程改革。推进研究生体育课程改革,将体育课程纳入研究生教育公共课程体系,积极探索适应非体育专业研究生体育教学要求的校本教材建设。

改革体育课程教学模式,建立"三阶段""双课堂"体育教学体系。具体是指,打造以兴趣为主导的体验式教学、强化运动技能的专项教学和以提升比赛能力的综合教学为主要内容的"三阶段"体育教育课程教学体系,以及"第一课堂""第二课堂"相融合的"双课堂"体育教育课程体系。在课程设置时,依托学校多元体育项目,开设了中华射艺、中华陀螺、传统养生、柔力球、气排球、健美操、跆拳道、武术、游泳、网球10门公共体育特色课程,实现"大学体育个性化"。同时,注重学生个体差异,以高校智慧体育管理平台为依托,录制线上体育技术视频教学课程供全校学生开展个性化学习。

改进体育课程教学内容,聚焦提升学生身体素质。将健康教育课纳入新生教育,确保体育教学项目不少于20项。合理安排教学内容,每节体育课程须保证一定的练习密度和运动强度,其中提高学生心肺功能的专项素质锻炼内容大于30%。将反映学生心肺功能的专项素质锻炼项目作为考试内容,考试分数权重不少于20%。引导学生养成健康生活方式,形成积极向上的健全人格。

近年来,学校把培养"健康人"放在首位,将健康融入日常教学、科研、管理服务全过程,成功入选首批全国健康学校建设单位及教育部体育美育浸润计划。

（二）构建体育训练体系

1.内涵

体育训练是指在体育运动中系统性、科学性和有组织性地开展训练活动，从而实现提高运动员的体能、技术水平和竞技能力的目标。体育训练包括制订合理的训练计划、安排丰富的训练内容、选择合适的训练方法、监督与评估训练过程等一系列工作。通过体育训练，运动员可以不断提高自己的身体素质和运动能力，从而在比赛中取得更好的成绩。高校构建的体育训练体系是专门针对学生体育训练的系统化体系，包括总体规划设计、具体训练计划、专业教师团队、科学的训练方法、设备设施支持等要素。

高校体育训练体系的构建对学校和学生来说都具有重要的意义。首先，作为高校体育人才培养的重要内容，在高校内建立科学、系统、完善的体育训练体系，能为学生提供更多的体育锻炼机会，给予学生更加专业的指导，提高学生的身体素质、技能水平和竞技能力，促进其全面发展和健康成长。在体教融合的大背景下，高校体育人才培养路径被纳入我国竞技体育后备人才培养体系，并涌现出了一批批优秀的高校运动员，高校体育训练体系在助力培养运动员高质量的竞技能力的同时，也给予了他们一定的人文素养，对运动员的终身可持续发展具有重要意义。其次，高校体育训练体系可以培养学生的团队合作能力、领导能力、坚强意志、自律精神、纪律性等学习、工作和生活中所需的能力与素质。此外，高校体育训练体系还可以促进学生之间的交流与互动，丰富校园文化，营造积极向上的校园氛围。最后，高校体育训练体系的建设还有助于提升学校的整体实力和声誉，吸引更多优秀的学生和教师加入，推动高校的发展。

2.构建过程

确立理论支撑、训练原则以及训练目标。目前国内外有多种体育运动训练的理论，如"板块理论"，以在一段时间内的"高度集中训练负荷"、不同能力的"依次序列发展"和训练的"痕迹效应"为三大原则[①];"项群理论",将运动项目按照竞技特点进行分类,对专项训练具有极大的指导意义;"整合分期理论",通过量化手段,将体能、技战术、运动心理、膳食营养等与运动相关因素进行整合,再按照生理特点将相关因素合理分配到运动训练过程中;等等。高校在构建体育训练体系过程中应以相关理论为依据,结合自身现有资源,构建符合自身发展且具备自身特色的体育训练体系。同时应在"三从一大"(即"从严、从难、从实战出发和大训练量")的基础上把握体育训练的科学性、适应性、有效性原则,实现运动训练的可持续发展;确立训练目标,根据目标的不同合理安排训练,因材施教。

开展训练实施。首先,高校需招聘复合型体育人才,设立专业化的体育训练教练团队,招聘的人员需具备相关的学历和经验,同时具备一定的创新能力,能够制订科学合理的训练计划并指导学生进行体能训练,打破以往以经验为主导的模式,将训练标准细化、量化,以达到更高的训练水平。其次,高校应建立完善的体育设施,如体育馆、游泳池、健身房等,以支持学生进行各种体育项目的训练,同时满足学生的日常锻炼需要。针对不同项目的特点和需求制订不同的训练计划,包括基础训练、专项训练和比赛准备等内容,确保每个学生都能得到适合自己的训练。为学生提供全面的辅导和指导,包括营养指导、心理辅导、运动损伤预防等,帮助学生全面提升体育运动能力。最后,高校还需完善竞赛体系,为学生提供良好的竞赛平台,积极组织学生参加各类体育竞赛和交流活动,提高学生的竞技水平和团队合作能力,扩大学校的影响力和知名度,真正做到"以赛代练"。

进行评价监督。为保障体育训练体系的良好运行,还应建立相对应的评价与监督机制。一个科学合理的体育训练体系需要有效的评价体系与严格的监督机制相辅相成,以达到提升体育教学质量、增强学生体质健康、发展体育事业的综合效果。评价机制应通过多元化和发展性的评价指标体系来具体化、客观化体育学业质量的评价,推动体育教学的改革与

---

① 陈小平.运动训练长期计划模式的发展——从经典训练分期理论到"板块"训练分期理论[J].体育科学,2016,36(2):3-13.

发展。监督机制应将监管工作落实到人,推进法治化、制度化和规范化的监管体系建设。

3.实践

西南大学着力提升师生身体素质,建立体育运动训练新机制。

强化部门协同机制,实现体育活动竞赛的三级联动。全面推进"每日一练"机制,加强党委学生工作部、党委研究生工作部、教务处、体育学院等部门协同,形成强大合力。建立"班级、院(部)级、校级"体育活动和竞赛三级协同推动机制,合理安排学生行课时间,保障学生每天体育健身1个小时,实现"竞赛活动全员化"。

健全体育锻炼机制,组建校院两级体育社团。全面推动学生体育锻炼"课内外一体化",将课外活动和学校体育教学计划紧密结合,重点建设了24个校级学生体育社团(包括中华射艺、柔力球等民族特色体育项目)。学生体育社团实行校院两级管理,依托学院建设,挂靠二级团组织。各学院根据兴趣爱好组建相应的学生体育社团,与校级学生社团相辅相成,推动学生以体育社团为载体开展课余体育锻炼,实现全校学生全覆盖。学校全面加强体育指导员队伍建设,让其积极参与体育运动组织建设和学生日常体育锻炼指导,最大限度地推动体育教学、训练、竞赛、课余体育锻炼的"一体化"进程。

探索开展线上体育,丰富学生体育锻炼模式。学校在疫情期间在线上开展"居寝健康达人"评选活动,浏览量达27万人次,有效推动了全校运动氛围的形成。连续承办两届"中国大学生健康校园大赛暨AI体能赛"西南大学赛区竞赛,组织学生通过乐动力APP自愿开展线上体能评价。大赛采用人工智能技术判定比赛动作的规范性,记录选手在运动过程中消耗的卡路里数,并将此作为评价成绩。学校每周将学院成绩排名和学生个人卡路里排名进行实时公布,累计开展评价13周,自愿参与评价达20000人次。

学校荣获2017—2020年度"全国群众体育先进单位"称号,连续三年入围《人民日报》中国高校竞赛榜前10名,受到CCTV13、CCTV5、国家体育总局、教育部官网、中国青年报、新华社、光明日报等各大媒体的宣传推广。

(三)完善体育竞赛体系

1.内涵

体育竞赛是指由社会上的各种体育组织、机构和个人组织的一系列体育比赛活动,包括不同体育项目(如排球、篮球、乒乓球、田径、羽毛球等)的不同级别(如国际、国家、地区、学校等)的比赛。通过比赛,运动员在展示自己技能和实力的同时也促进了各种形式的体育运动的发展和普及。

高校层面的体育竞赛主要包括学校内部以及学校之间的比赛。如由学校主办的足球、排球、篮球、羽毛球等各种比赛以及大学生体育协会主办的大学生足球联赛、篮球联赛、田径锦标赛、资格选拔赛等。这些比赛不仅可以提高学生对体育活动的兴趣、丰富学生的校园生活,还有助于营造良好的学校体育文化氛围、提高学校的社会声誉。

高校体育竞赛体系的完善,不仅有利于在校高水平运动员的发展,也有利于普通学生在享受运动乐趣的同时,增强体质、健全人格、锤炼意志,从而实现身心两方面的健康发展。同时,体育竞赛体系的完善还有助于深化体育与教育的融合,使体育成为教育的重要组成部分,提高学生的体育素养和综合素质;有助于推动国家体育事业的发展,为实现体育强国的建设目标奠定坚实基础。

高校通过体育竞赛体系向国家输送了大量优秀的体育人才,取得了优异的成绩。如在成都第31届世界大学生运动会中,中国代表团获得了103枚金牌、40枚银牌、35枚铜牌的好成绩,实现了我国大学生在18个大项目上的金牌全覆盖;在奥运会等国际赛事中,优秀的高校运动员们也获得了非常瞩目的成绩,如任子威、孙龙、张琳艳、谌利军等。

2.具体措施

完善高校体育竞赛体系有以下几个方面的措施。

重视中华传统体育项目的宣传推广。《关于全面加强和改进新时代学校体育工作的意见》指出,高校应"因地制宜开展传统体育教学、训练、竞赛活动,并融入学校体育教学、训练、竞赛机制,形成中华传统体育项目竞赛体系"。高校在完善体育竞赛体系过程中应重视中华传统体育项目,通过多种方式展现中华传统体育项目的独特魅力,如短视频宣传、举办知识竞赛、开展讲座或与其他比赛并行举办等,加大中华传统体育项目的宣传力度,先使这些项目进入学生的视野,再激发学生的学习兴趣。此外,还需因地制宜,结合当地特色,引导社会支持,形成具有地域特色的中华传统体育项目竞赛体系。

完善高校体育竞赛选拔机制。《关于全面加强和改进新时代学校体育工作的意见》指出,要"建立校内竞赛、校际联赛、选拔性竞赛为一体的大中小学体育竞赛体系,构建国家、省、市、县四级学校体育竞赛制度和选拔性竞赛(夏令营)制度"。目前,我国高校体育竞赛体系大多为校内竞赛,在校内选拔优秀运动员参加基层校际竞赛,再参加分区校际竞赛,最后参加全国赛。以大学生篮球联赛为例,先开始以省为单位的基层赛,再开始东南、西南、西北、东北的分区赛,最后进行全国赛。这种赛制很大程度上节约了人力物力,但在基层赛以及分区赛中,都是一场比赛决定是否入选,偶然性因素较大,对于选拔的公平性有一定的影响。因此在设置选拔机制时,可参考美国NCAA(全国大学体育协会),采用循环赛赛制模式(即主客场各一次,最后计算净胜分),这样既消除了偶然因素的影响,又增加了比赛场次,达到"以赛代练"的目的。还可以效仿中国男子篮球联赛,将常规赛和季后赛引入基层赛和分区赛以及全国赛中,增加比赛的场次,从而提高高校运动员的竞赛能力。

加大对高校体育竞赛的保障力度。完善高校体育竞赛体系离不开人力物力的保障,学校应给予相关方面的支持:加强对教练员和裁判员的培训,提高其专业技能,在促进体育竞赛质量的同时,保障体育竞赛的公平公正;加强体育设施的建设,依据学校体育竞赛的目标,合理增加体育器材资金投入,保障体育竞赛开展的基础;加强运动员伤病防护,建立健全良好的医疗保健机制,加强对学生的健康意识和自我保护机制的培养;加强学校赛事的宣传力度,通过学校媒体、标语等做好赛事宣传,在条件允许的基础上建立与第三方的合作,打造优秀的高校体育赛事平台,形成良好的高校体育赛事氛围;提升学生体育道德水平,重视学生体育道德的培养,如公平竞争、尊重对手、遵守规则、诚信参赛、尊重裁判、团队合作等,保证体育比赛的公平、公正、安全和有序进行。

3. 实践

西南大学高度重视体育事业发展,大力完善体育竞赛体系。

注重体育事业整体规划,加强对体育工作的指导。学校把体育事业纳入学校"十三五""十四五"整体规划,编制体育事业专项规划,并将其列入年度工作要点统筹安排。学校党委、行政部门把体育工作纳入重要议事日程,校长办公会每学期至少研究1次体育工作,党委书记、校长重视和关心学校体育工作,将体育工作纳入学校发展规划和年度工作要点。学校成立了体育委员会,由学校党委副书记担任主任,体育学院、教务处、学生处、校工会等单位主要负责人担任副主任。实行体委委员联系运动队制度,做好38支运动队日常训练和竞赛管理。

调整优化体育教育支出结构,完善体育基础设施建设。每年学校下拨校体委经费300万元,用于基本业务运行、校园体育活动和运动队竞赛等。各学院统筹安排生均公用经费,按要求保障体育工作正常开展。将体育场馆建设、修缮纳入学校校园基本建设规划和改造修缮项目,鼓励和引导社会资金支持学校体育教育发展。落实国家、学校体育卫生条件基本标准,加快体育器材配备和设施建设,推动学校体育器材配备和设施逐步达到国家标准。

打造学校品牌体育赛事,加强传统体育项目推广。学校弘扬"活力西大、健康校园"文化理念,加强中华传统体育项目推广,长期以来形成春季田径运动会暨体育文化节活动、秋季新生运动会暨中华传统体育项目展示、冬季万人健身跑以及校园篮球联赛等品牌赛事矩阵,扶持并推广武术、柔力球、中华射艺、棋艺等传统体育项目,鼓励师生走进操场、强身健体、传承传统体育文化。

(四)健全体育评价体系

1. 内涵

高校体育评价体系是用于评估和衡量高等教育机构体育运动发展情况的一套标准和方法,涵盖学校体育运动项目的组织和管理、体育教师教学能力与专项水平、学生运动员的体育能力和发展情况、学生的体质健康水平、体育设施及场地的建设和管理、体育竞赛成绩、评价体系的监督等方面。高校体育评价体系是高校体育工作实施的出发点、落脚点以及指挥棒,其建立健全有利于保障学生的健康水平,实现学生的全面发展,培养竞技体育后备人才。

国家层面高度重视高校体育教育。2016年,中共中央、国务院印发《"健康中国2030"规划纲要》,指出要"实施青少年体育活动促进计划,培育青少年体育爱好,基本实现青少年熟练掌握1项以上体育运动技能,确保学生校内每天体育活动时间不少于1小时"。《深化新时代教育评价改革总体方案》指出,要"强化体育评价。建立日常参与、体质监测和专项运动技能测试相结合的考查机制,将达到国家学生体质健康标准要求作为教育教学考核的重要内容,引导学生养成良好锻炼习惯和健康生活方式,锤炼坚强意志,培养合作精神……加强大学生体育评价,探索在高等教育所有阶段开设体育课程"。这些文件为健全高校体育评价体系提供了政策参考。

2. 实施维度

现阶段我国高校尚未建立完整的体育评价体系,学生体质水平普遍较低,学校体育工作在落实过程中也出现了不少问题,如体育课出现"说起来重要、做起来次要、忙起来不要"的尴尬;学生喜欢体育但不喜欢体育课①;学生大学毕业了也未完全掌握一项运动技能;等等。基于此,高校可围绕环境、教师、学生以及对评价体系的监督四个维度来健全体育评价体系。

在环境维度,高校应把体育设施建设纳入评价体系中,健全学生日常所需的体育设施,满足学生的日常锻炼需求,降低或免除学生使用体育馆的费用,拒绝将体育设施转化为面向学生的商业性工具。同时,学校需将体育文化氛围纳入评价指标中,督促各相关学院和部门积极开展各类体育赛事,并对赛事的数量和质量作出合理规定;在自媒体发达的今天,还应将体育线上宣传作为评价内容的一部分;将体育场地与设施的安全性纳入评价内容,保障学生在运动过程中的人身安全,避免意外事故的发生。

在教师维度,高校应结合"教会、勤练、常赛"的要求,制定多元化的教师绩效考核方案。以往教师关注的是"教什么"和"怎么教"的问题,而在提出"教会、勤学、常赛"的要求后,教师应该关注的是"怎么教会、怎么勤练、怎么常赛"的问题,即把学生的学习情况纳入教师绩效考核,以学生为主体,以学生学习情况与健康发展为依据,以教师教学能力和专项技能为支撑,重新审视现有教师绩效考核制度,建立更加符合现实需要的评价体系。

在学生维度,高校应把握运动能力、健康水平、体育道德等核心素养,从中构建评价指标。针对目前青少年体质普遍下降、运动技能学习较差的情况,可在评价体系中提高学生体质健康水平和运动技能学习的比重,将体质健康水平和运动技能学习情况纳入毕业条件、奖助学金评定标准中,督促学生加强体育锻炼;重视对学生体育道德的评价,围绕学生是否尊重对手、公平竞赛,是否团结队友、尊重裁判,是否尊重规则、严格自律等方面,制定相应的奖惩机制,激励学生积极提升体育道德素养。

在对评价体系的监督维度,高校应建立体育评价体系的监督和反馈

① 邓晖.体育课该如何开足上好?[N].光明日报,2014-08-11(6).

144

机制,成立专门的委员会,由校领导、教师代表以及学生代表组成,负责对高校体育评价体系进行监督、对出现的问题及时修正;不定期地对体育评价结果进行检查和分析,对发现的问题及时进行反馈并采取相应的整改措施以确保评价体系的公正性和有效性;健全相应的激励和惩戒机制,对表现优秀的学生和教师给予肯定和鼓励,对表现不佳的学生和教师提供必要的帮助和指导。

3. 实践

西南大学着力推进过程性体育评价改革,健全体育评价体系。

改革体育评价,将体育纳入学校人才培养方案,构建涵盖体质健康、基本运动技能、专项运动技能和体育参与的体育评价机制。学校注重对学生体育教学全过程的评价,将体育锻炼过程性行为纳入评价体系;将达到国家学生体质健康标准要求作为教育教学考核的重要内容,将学生体质健康达标、修满体育学分作为学生毕业和学位授予的必要条件。学校出台相应的制度文件,规定学生体质健康标准测试成绩占公共体育课成绩的比例不少于20%,并作为学生评优评奖和准予毕业的重要依据列入学生档案;将参加竞赛活动和课外锻炼参与情况纳入大学体育课程考核内容,考核分数权重不少于10%。

实施教测分离,成立学生体质健康标准测试与评价中心。该中心致力于全校本科学生体质健康监测数据收集,通过加强智能化建设和网络化管理,实现个人在线预约测试、学生实时查阅测试成绩、教师手机端录入测试成绩等功能,形成学生体质健康年度报告和反馈制度。近两年完成《国家学生体质健康标准》测试6万余人,采集测试数据46万余条,审核免于测试超过2000条,达标率90%以上。依托中心的建设不仅可以实现对学生体质健康测试结果的跟踪、监控、分析,还可以发起健康科普活动和提供健康促进的指导,学校成功入选首批国家体育科普基地。

（五）数智赋能体育评价

1.内涵

数智化是指利用数字技术实现智能化、高效化、自动化的生活方式和工作方式①，是社会向新范式转变的标志，在科技发达的今天，物联网、云存储、大数据、人工智能等先进技术在我们的日常生活中广泛应用，它涉及现代基础设施体系、科技人才培育体系以及社会发展治理模式的革新与重构。高校学生体育评价作为人才培养发展的一部分，应当紧跟时代发展，注重数智赋能，以数据驱动决策，通过数字技术实现高校学生体育评价的智能化、高效化、价值化、增值化、去边界化，打破依靠经验主导的模式，通过海量的数据分析，提供更加精准高效的评价，更有效地提升学生的体育运动能力和健康水平。如可以通过数智化设施设备捕捉学生与教师的肢体语言与微表情，并在算法的支持下分析学生的心理状态，依据分析结果教师可实时改变教学策略，实现对学生实时、实地的评价，提高评价的利用价值；通过数据深度挖掘，对学生的合理运动量进行预测，提高评价的准确性和客观性，实现评价的增值化；通过数据建模综合分析学生的各项指标，如身高、体重、体能、心理等，并分析各指标之间的关联，避免仅仅依靠某一指标进行评价的局限性，减少评价工作量，实现评价的去边界化等。

2.实施路径

数智赋能高校体育评价，应始终树立"以人为本、立德树人"的评价观念，从现实和需求出发，构建数智化高校体育评价体系。

加强数智赋能顶层设计。应强化高校领导的数字领导力，并在此基础上加强教师运用数智技术的能力。除直接引进会体育、懂数智的复合型人才外，还应鼓励高校教师转变教学思维，学习并掌握数智技术，打造"互联网+体育"的教学模式，将现代信息技术与传统体育教学相结合，以

---

① 王竹立,吴彦茹,王云.数智时代的育人理念与人才培养模式[J].电化教育研究,2024,45(2):13-19.

实现教学目标的具体化和个性化,促进学校体育评价的智能化变革。在具备人力的同时,高校还应加强数智设施设备的建设。通过物联网技术提高体育评价的准确性,以学生的体育行为作为感知层,完成对体育行为信息的收集和转化,通过网络传输层的传输,在应用层完成信息处理和人机交互。如建立学生体育运动追踪体系,应用物联网RFID(射频识别)等技术,通过人脸识别或者校园卡对学生出入体育场地以及使用体育器材的情况作完整记录,运用心率传感器、速度传感器等对学生运动质量进行监测。

进行评价分析和反馈。高校可以通过大数据技术,对海量数据进行采集、存储、分析,实现体育评价结果可视化以及学生体育运动个性化推荐。如通过对学生日常运动量与生理的分析结合,为学生制订合理的运动标准;通过对学生身体状况的分析,为学生制订合理的饮食标准等。在实施过程中以用物联网技术获得的关于学生运动的图像、音视频等资料为数据来源层,再通过HDFS(云存储),即Hadoop分布式文件系统,将数据资料存储于数据存储层,由数据处理层依靠云计算对数据资料进行分析服务、可视化服务、机器学习服务等,最后在数据应用层生成指标应用、主题分析、个性分析、用户画像以及真人识别。除此以外,高校还可以运用数字孪生技术提升对学生体育评价的准确性。在通过物联网、大数据技术等实现了对学生体育评价数据的采集与分析、确定了评价标准后,可以通过数字孪生技术实现对评价标准的虚拟化应用,即将评价标准通过虚拟现实应用于虚拟个体中,并根据虚拟个体的情况变化,检验评价标准的准确性。

做好评价体系的更新和数智设备的维护。随着时代的发展和技术的进步,评价体系和数智设备也需要及时更新和维护,以适应高校体育发展的需要以及体育育人的需求。

3.实践

西南大学强化实时监测,自主架构"西大-高校智慧体育"平台。打通学生数据采集、评分计算、自动分析、数据反馈、数据报表、体质报告、健康处方等全流程,实现公共体育教学、体质健康测试评价与分析、学生课外体育锻炼监控与评价、公共体育线上教学等方面的信息化管理,为学生运动能力、健康行为、体育品德三个维度的核心素养评价提供数据支撑。平台嵌入乐跑 APP,测量学生跑步平均配速等数据,保证学生课外锻炼强度,促进了对学生课外锻炼评价打分的科学化。近年来,平台在提高体育评价智能化水平、提升学生课外锻炼意识、评价分析大学生体质健康水平和服务师生方面发挥了重要作用。

四、西南大学学生体育评价实践经验

基于西南大学近年来在体育评价方面的实践探索,总结经验如下。

(一)以核心素养为评价导向

高校体育评价的改革首先要明确评价导向。体育学科核心素养包括运动技能、体育知识、健康行为等多方面,这就要求对学生的体育评价不能只停留在传统的技能和体能测试上,而应该更加重视对学生全面素质的培养。以核心素养为评价导向,可以更好地引导学生全面发展,提升综合素质。

(二)多元化的评价方式

传统的体育评价方式单一,主要依赖体能测试和技能考核,这种评价方式往往过于注重结果,而忽视了过程的重要性。改革后的体育评价应更加多元化,既要关注结果,也要重视过程。比如,可以采用学生自评、学生互评、教师评价相结合的方式,同时加入日常体育锻炼、课堂表现等因素,使评价更加全面、公正。

(三)强调评价的过程性和动态性

学生的体育学习和锻炼是一个持续的过程,因此,对其评价也应该具有过程性和动态性。这意味着评价时不仅要关注学生的最终成绩,更要关注他们在学习过程中的表现和努力。同时,由于学生的体育素质和能力是在不断发展的,评价也应该随之动态调整,以更好地反映学生的实际情况。

(四)体育竞赛作为评价的重要手段

体育竞赛是检验学生体育素养和能力的重要方式之一。通过竞赛可以观察学生的技能掌握情况、团队合作精神、抗压能力等多方面的表现。同时,竞赛还可以培养学生的竞争意识、规则意识和合作意识,有利于学生的全面发展。因此,高校应积极开展各类体育竞赛活动,并将其纳入学生的评价体系中。

(五)关注学生个体差异和个性化需求

每个学生都是独一无二的个体,在体育学习上的需求和表现也会有所不同。高校在进行评价时应充分考虑学生的个体差异和个性化需求,针对学生的不同特点制订个性化的评价方案,提供多样化的体育课程和活动等供学生选择。

高校应不断深化体教融合,全面加强和改进新时代学校体育评价工作,引导并促进学生养成终身锻炼的良好习惯和健康的生活方式,提升学生身体素质和综合素养,培养德智体美劳全面发展的社会主义建设者和接班人。

第六章

高校学生美育评价

蔡元培先生曾说,"纯粹之美育,所以陶养吾人之感情,使有高尚纯洁之习惯,而使人我之见、利己损人之思念,以渐消沮者也"①。美育以审美教育、情操教育、心灵教育为底色,勾勒出学生情感、道德、创新等多方面培养的轮廓。在高等教育评价的宏伟蓝图中,美育评价占据着至关重要的地位,有助于促进学生艺术修养和审美能力的提升,对学生的全面发展具有不可替代的独特功用。

① 蔡元培.蔡元培讲读书[M].南京:河海大学出版社,2019:46.

一、高校学生美育评价的意义

美育是教育的重要组成部分,与德育、智育、体育、劳动教育等构成我国教育的完整体系。高校美育既是提升学生人文素养的基本要求,也是学生审美人格成长的需要。通过全方位的美育活动、丰富的文化体验,培养出具有批判性审美视角和独立审美判断力的学生,关注培育学生的高尚情操,塑造学生的健全人格。科学系统的评价,能全面反映和促进学生在美育领域的成长与进步。

(一)多途径提升高校学生审美能力

高校学生正处于世界观、人生观、价值观形成的关键期,是个体审美能力和素养形成与发展的重要阶段。学生审美能力的提升,不仅能丰富其精神世界,还能提升其生活品质,帮助其在日常生活中发现美、欣赏美、创造美,让美成为其生活的一部分。高校可通过艺术欣赏、文学阅读、音乐与舞蹈、设计与建筑、影视与摄影、哲学思考以及实践创作等多种途径,全面提升学生的审美能力。

1. 艺术欣赏

艺术是人类情感和智慧的结晶。通过欣赏艺术作品,学生可以得到丰富的视觉和感官体验。比如参观美术馆可以让学生近距离感受画作的笔触和色彩,了解艺术家的创作背景和时代精神。博物馆之旅则能让学生领略到跨越了时空的文物和艺术品的魅力,从而对人类历史和文化有更深刻的认识。艺术史和美学理论的学习能帮助学生建立起批判性的审美视角,使其不仅仅停留在对艺术作品表面的欣赏,还能深入理解其内涵和价值。

2.文学阅读

文学作品是语言艺术的极致展现。经典文学作品往往蕴含深刻的思想和丰富的情感,能够激发读者的想象力,培养同理心。文学作品中的语言运用和叙事结构对提升写作技巧和审美鉴赏力有着不可忽视的作用。学生可以通过阅读,学习到如何使用文字来构建意象和表达情感,提升语言表达能力和理解力。

3.音乐与舞蹈

音乐与舞蹈是跨越国界的通用语言,能直接触动人的情感。音乐理论学习可以帮助学生理解音乐的结构和表现形式;尝试不同的乐器或聆听不同的声乐能让人亲身体验音乐创造的过程;欣赏不同流派的音乐作品,如古典、爵士、民族音乐等,可以拓宽音乐视野,增加对音乐多样性的理解和欣赏。观看舞蹈表演能让人感受到动作与节奏的美感,提升对动态美的感知;学习舞蹈能通过肢体语言来表达内心情感和故事情节,启发共鸣与共情。

4.设计与建筑

设计与建筑是将美学理念应用于实际生活中的艺术形式。通过关注日常生活中的设计细节,如产品的外观、界面的布局、建筑的造型等,学生可以意识到美学在日常生活中无处不在;通过了解设计背后的理念和功能,学生可以学习如何将设计的实用性和美学价值相结合;通过学习建筑史和建筑理论,学生能欣赏不同建筑风格的美学特点,可以理解建筑与环境、文化、历史的关系,从而提升对空间和形态的审美能力。

5.影视与摄影

影视作品和摄影作品是现代视觉艺术的重要组成部分。通过观看电影,学生可以学习到如何运用镜头语言、剪辑、色彩等电影制作技巧来讲述故事。电影中的构图、光影、色彩搭配等美学元素,也是提升视觉审美的重要途径。摄影则是一种静态的视觉艺术,通过摄影实践,学生可以学习到如何捕捉光影、设计构图和表现色彩,表达自己的视角和情感,不仅能提升审美能力,还能培养观察力和创造力。

6.哲学思考

哲学是对世界和人类存在的深刻反思,是对美的本质和审美标准的探讨。通过阅读哲学著作,参与哲学讨论,学生可以对美的概念有更深入的理解,形成自己的美学观点。哲学思考能帮助人们超越表面的审美判断,探索更深层次的美学价值和意义。这种思考对培养学生独立的审美判断力和批判性思维至关重要。

7.实践创作

实践是检验真理的唯一标准,亲自动手创作是提高审美能力的有效途径。无论是绘画、写作、音乐创作还是设计,通过实践,学生可以将理论知识转化为个人感受,学会如何表达自己的美学理念,不断提升自己的审美能力。创作过程中的尝试和错误能帮助学生更深刻地理解艺术创作的过程,激发其创造力和想象力。

8.生活美学

生活美学强调将美学融入日常生活,让生活本身成为艺术创作的一部分。通过关注服饰搭配、室内装饰、饮食文化等日常生活中的细节,学生可以学会如何在日常生活中寻找和创造美。生活美学实践不仅能提升学生审美能力,还能让学生更加注重生活质量,享受生活带来的美好。

(二)多维度培育高校学生美育素质

美育素质的培育是学生全面发展的重要内容,它能帮助学生更好地理解世界、与他人相处、与自然和谐共存。文化传承、道德教育、情感表达、社会实践和环境美学等关键领域,共同构成了培育高校学生美育素质的多维路径。文化传承让学生从中汲取历史智慧,道德教育引导学生形成正确的价值观,情感表达帮助学生理解与尊重他人,社会实践让学生将美育知识转化为行动,而环境美学则教会学生尊重自然与追求可持续发展。

1. 文化传承

文化是民族的血脉,是国家的灵魂。学校应通过开设课程、举办讲座、成立工作坊等形式,让学生深入了解中华优秀传统文化和世界各国文化精粹,使学生在学习知识的同时,体会到文化的魅力,理解文化的深层价值。例如,通过学习历史、文学、哲学等,学生能吸收前人智慧,培养深厚的文化底蕴;通过比较不同文化之间的异同,学生能学会尊重和欣赏多元文化,形成开放包容的文化视野。

2. 道德教育

美育与道德教育紧密相连。艺术作品中往往蕴含着丰富的道德价值和人文关怀,学校通过引导学生欣赏和分析这些作品,能帮助他们学会从艺术的角度思考道德问题。例如,文学作品中的人物塑造和情节安排往往反映了作者的道德观和价值观,通过讨论这些内容,学生可以形成自己的道德判断。艺术创作过程中的自我反思也是对个人道德情操的一种锤炼,应鼓励学生在创作中追求真善美,培养高尚的道德情操。

3. 情感表达

美育是情感表达的重要途径,无论是写作、绘画还是音乐创作,都能成为情感宣泄和自我表达的渠道。这不仅有利于学生心理健康,帮助学生理解和尊重他人的情感,而且还能通过美育过程中的合作、交流与分享,提高学生的人际交往能力。

4.社会实践

社会实践是学生将所学知识应用于现实生活的重要途径。通过参与社区服务、艺术节、艺术项目等活动,学生不仅能将美育教育中的知识和技能应用于实践,还能在服务社会的过程中体验到帮助他人的喜悦,培养奉献精神和社会责任感。

5.环境美学

环境美学关注人与环境的和谐共生。学校可通过校园环境设计和倡导绿色生活,让学生在日常生活中感受环境美学的重要性。例如,学生通过观察校园中的绿化、建筑布局、公共艺术作品等,可以提升审美体验,培养他们对自然环境的尊重和保护意识;通过参与植树节活动或实践其他绿色生活方式,学生能形成绿色生活的理念,培养可持续发展意识,提升环境保护责任感。

(三)多途径塑造高校学生健全人格

美育对塑造学生的健全人格具有不可替代的作用。美育,可以为学生提供情感教育以及丰富的审美体验,提升学生道德修养、增强学生社会责任感、培养学生创新与批判性思维、促进学生自我认知与个性发展、培育学生环境保护意识,全面促进学生的发展。

1.情感教育

情感教育是美育的重要组成部分,它关注个体情感的培养和表达。高校应为学生提供丰富的美育活动、场馆、课程等,对学生开展情感教育。例如,学生可以通过参与音乐、戏剧、舞蹈等,在艺术的熏陶下学会更好地理解和调节自己的情绪;可以到美术馆、博物馆等场馆欣赏艺术作品,艺术作品往往能触动人心,引导学生体验和表达爱、悲悯、喜悦等复杂情感,从而培养出学生更为细腻和丰富的情感世界;此外,学生还可以通过艺术创作进行自我表达和情感宣泄,从而形成健康的情感态度和心理调适能力。

2.审美体验

审美体验是指个体在接触美的事物时所产生的愉悦感和心灵上的满足。学校应提供丰富的艺术资源和活动,如艺术展览、音乐会、经典诵读活动等,让学生在多样化的审美体验中培养出对美的感知和欣赏能力。这种体验不仅能提升学生的生活品位,还能激发他们的创造力和想象力。在审美的过程中,学生学会欣赏自然美、艺术美和社会美,从而形成独立的审美判断和个性化的审美追求。

3.道德修养

美育与道德修养紧密相关,艺术作品常常承载着丰富的道德价值和人文关怀。通过分析文学作品中的人物形象、讨论电影中的道德冲突、评价绘画作品背后的价值观念,学生能在审美的过程中深化对善恶、美丑的认识,提升自己的道德修养。艺术创作本身也要求创作者具备高尚的道德情操,这种自我要求和自我提升的过程有助于学生形成正直、诚实、有责任感的人格特质。

4.社会责任感

美育强调艺术的社会功能,鼓励学生将艺术与社会责任相结合。通过参与公共艺术项目、社区艺术活动等社会实践,学生能将艺术创作与服务社会相结合,体验到艺术在提升社会文化水平和改善人们生活质量中的重要作用。这种参与不仅能增强学生的社会责任感,还能让他们在实践中学会合作与沟通,培养团队精神和领导能力。

5.创新与批判性思维

美育教育鼓励学生发挥创造力,尝试新的艺术形式和表达方式。在艺术创作和欣赏的过程中,学生被鼓励提出自己的见解,进行批判性思考。这种教育方式有助于学生打破传统思维的束缚,勇于探索未知领域。创新与批判性思维的培养对学生形成独立思考的习惯、培养解决问题的能力至关重要,这些能力是现代社会中不可或缺的个人素质。

6.自我认知与个性发展

美育为学生提供了一个自我探索和表达的平台,学生在艺术创作和欣赏的过程中能更好地认识自己,发现自己的兴趣和潜能。艺术创作过程中的挑战和成就感也能增强学生的自信心和自我效能感,促进他们成为更加独立和自主的个体。

7.环保意识

美育教育还强调环境美学,学生参与校园环境的美化和环保艺术项目,可以培养环境保护意识。学生在参与这些活动的过程中,不仅能提升自己的审美能力,还能增强对自然环境的尊重和保护意识,形成绿色生活的理念。这种环保意识的培养有助于学生形成可持续发展的生活理念,对他们成为负责任的地球公民具有重要意义。

二、高校学生美育评价的主要内容

美育作为高等教育不可缺少的重要组成部分,在落实立德树人根本任务和促进学生全面成长的过程中发挥着重要作用[1]。高校学生美育评价的主要内容包括对学生美育课程学习的全面审视和对学生在美育活动实践中表现的细致考查,旨在通过多维度的评价指标,全面反映学生在美

---

[1] 孙勇,范国睿.我国学校美育工作的现状、问题与对策[J].教育科学研究,2018(10):70-75.

学理论、艺术鉴赏、实践技能、批判性思维、创造力、文化理解、交流合作以及社会影响等方面的表现和成长。美育评价不仅关注学生对美育课程知识内容的掌握程度,还着重于学生审美能力的培养、实践技能的提升、创新思维的激发以及文化传承与创新的认识与实践。通过评价,高校能及时了解和把握美育教育的实施效果,不断优化美育课程及其教学方法,丰富美育活动种类、加强美育活动的管理,持续完善高校学生美育评价体系。

(一)美育课程学习

《关于全面加强和改进新时代学校美育工作的意见》中强调,要"不断完善课程和教材体系""以提高学生审美和人文素养为目标"。高校美育应以全体学生为教育对象,科学设置美育课程类别,完善以"自主选择"为核心的具有普遍性、广泛性特点的美育课程体系,构建美育类课程评价指标。

1.高校美育课程类别

高校美育课程类别丰富多样,旨在培养学生的审美能力、艺术素养和创新思维,通常包括美学和艺术史论类课程、艺术鉴赏和评论类课程、艺术体验和实践类课程、专业美育课程、社会美育课程、文化传承类课程以及创新与创业类课程等,详见表6-1。

表6-1　高校美育课程主要类别及课程名称示例

美育课程类别	课程名称
美学和艺术史论类课程	艺术导论
	美学概论
	中西方美术史
	中西方音乐史
	文艺理论

续表

美育课程类别	课程名称
艺术鉴赏和评论类课程	音乐鉴赏
	美术鉴赏
	影视鉴赏
	戏剧戏曲鉴赏
	舞蹈鉴赏
	书法鉴赏
	设计鉴赏
艺术体验和实践类课程	艺术相关学科的体验和实践活动
	艺术工作坊(如陶艺、绘画、手工艺等)
	艺术创作课程(如创意写作、摄影、视频制作等)
专业美育课程	针对专业学生的艺术类课程
社会美育课程	社区艺术服务与实践
文化传承类课程	中华优秀传统文化传承课程
	非物质文化遗产保护与传承
创新与创业类课程	艺术与创新思维
	艺术项目管理与创业

要科学定位美育类课程目标。依托学校相关学科优势和教育资源优势,拓展教育教学内容和形式,引导学生完善人格修养,强化学生的文化主体意识和文化创新意识,增强学生传承与弘扬中华优秀传统文化的责任感和使命感。建立美育类课程库,不断优化美育课程设置。各教学单位根据实际情况,自主选择美育类课程设置类别,如通识教育必修课程、通识教育选修课程、学科基础课程、专业必修课、专业选修课、个性化选修课程等。通过加大审美艺术类课程与其他领域课程的融合度、交叉力度等方式,丰富美育课程资源,优化课程体系结构,拓展学生自主选择空间。学校艺术专业类社团、大型审美艺术活动与竞赛获奖、艺术审美实践兴趣班等,均需纳入美育选修课程体系,成绩优异者计美育课程学分。形成多元化、开放式、能满足学生个性化发展需求的美育课程体系。

2.高校美育类课程评价指标及内容

高校美育类课程评价指标涵盖了知识掌握、审美能力、实践技能、批判性思维、创新与创造力、文化理解、交流与合作、自我反思与发展、情感态度与价值观以及社会影响等十个方面,旨在全面评价学生在美育课程中的学习成果,详见表6-2。

表6-2　高校美育类课程评价维度及评价指标内容

评价维度	评价指标内容
知识掌握	学生对美学理论、艺术史论等基础知识的掌握程度
	对艺术鉴赏和评论方法的理解与应用
审美能力	学生的审美感知能力,包括对艺术作品的感受力和鉴赏力
	对不同艺术形式和风格的识别与理解
实践技能	学生在艺术体验和实践类课程中的操作技能和创作能力
	艺术实践活动中的参与度和作品完成质量
批判性思维	学生对艺术作品和美学理论的批判性分析和评价能力
	对艺术现象和文化趋势的独立思考与见解
创新与创造力	学生在艺术创作和项目实践中展现出的创新思维与创造力
	能结合所学知识解决实际问题的能力
文化理解	学生对中华优秀传统文化和世界多元文化的理解与尊重
	对文化传承和创新的认识与实践
交流与合作	学生在团队项目和艺术活动中的沟通协作能力
	与他人交流艺术观点和作品的能力
自我反思与发展	学生对自己学习过程的反思和自我评价
	对个人艺术兴趣和发展方向的规划
情感态度与价值观	学生对美育活动的态度和参与热情
	通过艺术学习培养的情感态度与价值观
社会影响	学生通过艺术实践活动对社会文化的贡献
	艺术作品或项目对校园文化和社会环境的影响

知识掌握:知识掌握是评价学生在美育课程中对基础理论知识的理

解和记忆能力。包括对美学理论、艺术史论等基础知识的掌握程度以及对艺术鉴赏和评论方法的理解与应用。学生应能解释美学原理,识别和分析不同艺术流派的特点,运用所学知识对艺术作品进行鉴赏和评论。这一指标不仅衡量学生的记忆和理解能力,还考查他们将理论知识应用于实际情境的能力。

审美能力:审美能力评价学生对艺术作品的感受力和鉴赏力,以及对不同艺术形式和风格的识别与理解。其要求学生能从美学的角度欣赏和评价艺术作品,理解作品背后的文化和历史背景以及艺术家的创作意图。审美能力的培养有助于学生形成个人的审美标准,提升对美的感知和欣赏能力,从而在日常生活中能更好地发现美和创造美。

实践技能:实践技能评价学生在艺术体验和实践类课程中的操作技能和创作能力。其不仅包括艺术创作的技术层面,如绘画、雕塑、音乐演奏等,还包括艺术实践活动中的参与度和作品完成质量。通过实践,学生能将理论知识转化为实际技能,培养艺术表达和创新的能力,同时也能提升其对艺术材料和技术的理解。

批判性思维:批判性思维评价学生对艺术作品和美学理论的批判性分析和评价能力。其要求学生能独立思考,对艺术现象和文化趋势提出自己的见解。批判性思维的培养有助于学生发展独立的审美判断力,能对艺术作品进行深入的分析,识别和评价其艺术价值和社会意义。

创新与创造力:创新与创造力评价学生在艺术创作和项目实践中展现出的创新思维与创造力。其要求学生能运用所学知识,结合个人经验和想象力,创造出新颖的艺术作品或提出解决方案。创新与创造力的培养对学生未来在艺术和相关领域的成功至关重要,它鼓励学生勇于尝试,不断探索和突破。

文化理解:文化理解评价学生对中华优秀传统文化和世界多元文化的理解与尊重。其要求学生能认识到不同文化背景下艺术作品的独特性,理解文化多样性对艺术创作的影响。通过文化理解,学生能更加包容和欣赏不同文化的艺术表达,促进跨文化交流。

交流与合作:交流与合作评价学生在团队项目和艺术活动中的沟通

协作能力。其要求学生能有效地与他人交流艺术观点和作品,共同完成艺术创作和项目。良好的交流与合作能力有助于学生在艺术实践中建立团队精神,学会倾听和尊重他人的意见,共同推动艺术项目的成功实施。

自我反思与发展:自我反思与发展评价学生对自己学习过程的反思和自我评价的能力。其要求学生能识别自己的学习需求和兴趣,规划个人的艺术发展方向。通过自我反思,学生能更好地理解自己的学习成果和不足,制订合适的学习策略,促进个人成长和发展。

情感态度与价值观:情感态度与价值观评价学生对美育活动的态度和参与热情,以及通过美育活动培养积极价值观的情况。其要求学生能积极参与美育课程和艺术学习等,展现对艺术的热爱和对美的追求,培养出同理心、尊重和创造力等积极的情感态度与价值观。

社会影响:社会影响评价学生通过艺术实践活动对社会文化的贡献以及艺术作品或项目对校园文化和社会环境的影响。其要求学生能将艺术创作与社会现实相结合,通过艺术表达促进社会进步和文化发展。社会影响的培养有助于学生认识到艺术在社会中的作用,鼓励他们用艺术为社会带来积极改变。

(二)美育实践活动

美育实践活动是美育实施的重要途径,是除了美育课程外提升学生审美意识的重要载体。学校通过多样化的美育实践活动,将审美教育渗透在人才培养全过程,让学生在体验中自我实践与自我修炼,促进审美情感发展、精神境界提升和健康人格养成。

1.高校美育实践活动的类型

高校美育实践活动涵盖了艺术文化节、音乐会与演唱会、戏剧与舞蹈表演、艺术工作坊、艺术展览、美育讲座与研讨会、艺术社团活动、校外艺术实践、艺术竞赛、数字美育以及跨学科艺术项目等多种形式,详见表6-3。

表6-3　高校美育实践活动主要类型

美育活动类型	活动内容描述
艺术文化节	举办校内艺术文化节,展示学生的艺术作品(绘画、书法、摄影等),并举办音乐会、戏剧表演等
音乐会与演唱会	组织学生参与音乐会和歌唱比赛,作为观众或表演者,感受音乐的魅力
戏剧与舞蹈表演	鼓励学生参与戏剧制作和舞蹈表演,提升艺术表现力和团队合作能力
艺术工作坊	开设茶艺、绘画、手工艺等艺术工作坊,让学生亲手制作艺术品,体验创造美的过程
艺术展览	举办校内外艺术家的作品展览,让学生学习(欣赏)不同风格和流派的艺术创作
美育讲座与研讨会	定期邀请艺术家、学者举办与美育相关的讲座和研讨会,拓宽学生美育方面的学术视野
艺术社团活动	支持合唱团、舞蹈团、戏剧社等艺术社团的建设和活动,培养学生的艺术特长
校外艺术实践	组织学生参与艺术支教、社区艺术服务等校外艺术实践活动,服务社会
艺术竞赛	举办或参与书法比赛、绘画大赛、音乐比赛等艺术竞赛,激发学生的竞技精神和创造力
数字美育	利用数字技术开展数字艺术创作和展示,探索科技与艺术的结合
跨学科艺术项目	鼓励跨学科合作的艺术项目,促进不同学科间的交流与融合

要持续深化以"提升审美素养与实践能力"为核心的人才培养模式改革,通过多样化的艺术体验和实践,培养学生的艺术素养、创造力和团队合作能力,同时拓宽学生艺术视野,增强美育熏陶,提升学生审美水平。

2.高校美育实践活动的评价指标及内容

高质量的高校美育实践活动应能吸引学生广泛参与,促进其技能和知识的提升,培养团队精神和领导力,增强校园文化氛围,推动社会文化发展,鼓励创新实践。同时应引导学生关注社会效益,促进社区服务和公共利益,最终实现学生全面发展。

高校美育实践活动评价指标包括参与度、作品质量、技能提升、团队合作、文化影响力、创新与实践、反馈与评价、组织与管理以及社会效益和个人成长等，详见表6-4。这些指标共同衡量美育活动对提升学生艺术素养、团队协作能力、创新思维、文化理解和个人发展的贡献。

表6-4 高校美育实践活动的评价指标及内容

评价指标类别	具体评价指标内容
参与度	参与活动的人数和比例
	学生参与活动的频率和持续性
	学生在活动中的主动性和积极性
作品质量	美育作品的创意性和原创性
	作品的技术水平和艺术表现力
	作品的主题深度和情感表达
技能提升	学生在实践活动中掌握的技能、知识和能力等的提升
	学生审美能力和艺术鉴赏能力的提升
	学生创作能力和艺术表达能力的进步
团队合作	学生在团队活动中的协作和沟通能力
	团队项目的组织和执行效率
	解决问题和冲突的能力
文化影响力	活动对校园文化的正面影响
	活动在校外的传播力和影响力
	活动对提升学校形象和品牌的贡献
创新与实践	学生在活动中展现的创新思维
	实践活动与理论知识的结合程度
	学生将美育知识应用于实际生活的能力
反馈与评价	学生、教师和其他参与人员对活动的满意度
	活动收到的建议和改进意见
	通过问卷调查、访谈等方式收集的反馈信息
组织与管理	活动的策划和组织能力
	活动流程的合理性和执行效率
	资源的有效利用和预算管理

评价指标类别	具体评价指标内容
社会效益	活动对社会问题的关注和解决
	活动对社区服务和公共利益的贡献
	活动在促进社会和谐和文化多样性方面的作用
个人成长	学生通过活动获得的个人成就感和自信心
	学生对自我价值和潜能的认识
	学生未来在艺术和美育方面的发展计划

参与度：参与度是衡量美育实践活动成功与否的关键指标之一。它不仅关注参与活动的人数和比例，还涉及学生参与活动的频率和持续性。一个高质量的美育活动应当能激发大量学生的兴趣，并促使他们持续参与。此外，学生在活动中的主动性和积极性也是评价的重要方面。主动参与表明学生对活动有浓厚的兴趣，愿意投入时间和精力，而积极性则体现在学生愿意在活动中承担责任，积极参与讨论和创作。这些都是培养学生团队精神、社交能力和领导力的重要途径。

作品质量：作品质量是评价学生美育实践成果的核心指标。它包括美育作品的创意性和原创性，即学生在创作过程中展现的独特思维和新颖构思。技术水平和艺术表现力则体现了学生在艺术技能上的熟练程度和对艺术媒介的掌握。此外，作品的主题深度和情感表达能引导学生对作品主题的深入理解和情感投入。高质量的作品往往能触动人心，传达强烈的情感和深刻的思想。

技能提升：技能提升是指学生在参与美育实践活动过程中所掌握的技能、知识、能力等的提升，包括专业技能（如绘画、雕塑、音乐演奏等）的提升，以及相关知识（如艺术史、美学理论等）的增长、审美能力和艺术鉴赏能力的提升、创作能力和艺术表达能力的进步等。这些能力的提升有助于学生在未来的艺术创作和职业生涯中取得成功。

团队合作：团队合作是美育实践活动中不可或缺的一部分，它涉及学生在团队活动中的协作和沟通能力。有效的团队合作需要成员之间有明确分工、相互协调，以及在面对问题和冲突时能共同寻找解决方案。团队合作能力的培养有助于学生在未来的学习和工作中更好地与他人合作，提高工作效率和团队凝聚力。

文化影响力：美育活动通过提供丰富的艺术体验，能增强校园的文化氛围，提升学生的文化素养。好的美育活动，应能对校园文化产生正面影响，在校外产生一定的传播力和影响力，将校园文化的影响力扩展到更广泛的社会领域，提升学校的形象和品牌。

创新与实践：创新与实践是美育活动的重要目标。学生在活动中展现的创新思维体现在他们能否提出新颖的想法和解决方案。实践活动与理论知识的结合程度反映了学生能否将所学的理论知识应用于对实际问题的解决中。此外，将美育知识应用于实际生活的能力也是评价的重要方面，它鼓励学生将艺术融入日常生活，提高生活质量。

反馈与评价：反馈与评价是美育实践活动中不可或缺的环节。它涉及学生、教师和其他参与人员对活动的满意度，以及他们提出的建议和改进意见。通过问卷调查、访谈等方式收集的反馈信息对评估活动的效果和改进未来的活动至关重要。有效的反馈机制能确保活动的不断优化，更好地满足学生和社会的需求。

组织与管理：组织与管理能力是确保美育实践活动顺利进行的基础，包括活动的策划和组织能力、活动流程的合理性和执行效率、资源的有效利用和预算管理等。良好的组织与管理不仅能提升活动的效率，还能提高参与者的满意度和活动的可持续性。

社会效益：社会效益聚焦美育活动对社会问题的关注和解决、对社区服务和公共利益的贡献，以及在促进社会和谐和文化多样性方面的作用。好的美育活动有助于提升公众的文化素养，增强社区的凝聚力，同时也能通过艺术表达促进社会问题的讨论和解决。

个人成长：个人成长是美育实践活动的重要成果。学生通过活动获得的个人成就感和自信心对他们的自我发展至关重要。学生对自我价值和潜能的认识有助于他们建立积极的自我形象，激发他们在艺术和美育方面的热情。学生未来在艺术和美育方面的发展计划反映了他们对个人职业道路的规划和对未来的期望。

三、高校学生美育育人体系构建思路

高校美育应契合高等教育改革与发展的宏观环境,树立综合性、全育性、多内涵、高功能的美育理念,把握美育正确方向、深化美育教学改革、改善美育办学条件、健全美育评价机制,建立完整、开放、互动的美育育人体系,提升学生审美与人文素养,营造积极向上的校园文化氛围。

(一)把握美育正确方向

美育作为全面育人体系的重要组成部分,肩负着培养具有高尚情操、创新精神和社会责任感的社会主义建设者和接班人的重任。我们要以习近平新时代中国特色社会主义思想为指导,坚持立德树人根本任务,大力发展素质教育。坚持"三全育人",全员、全过程、全方位开展美育,同时在美育中积极融入传统文化,体现时代精神,坚定文化自信与传承创新。

1.坚持立德树人根本任务

全面贯彻党的教育方针。高校学生美育育人体系构建应以习近平新时代中国特色社会主义思想为指导,强调立德树人根本任务,培养德才兼备的社会主义建设者和接班人。将美育与德育、智育、体育、劳动教育相结合,通过美育课程和美育实践活动,引导学生树立正确的世界观、人生观和价值观,培养其社会责任感和历史使命感,为社会主义现代化建设培养有用之才。

大力发展素质教育。素质教育是实现立德树人根本任务的重要途径。高校应当将美育作为素质教育的重要组成部分,通过美育活动培养学生的审美情感、审美判断和审美创造能力。开设丰富多样的美育课程,组织各类美育实践活动,为学生提供感受美、体验美、创造美的机会。注重通过各种美育实践培养学生的道德情操和社会责任感,使他们在追求个人审美体验的同时,也能关注社会发展和人类进步。助力学生成长为具有高尚品德、丰富情感、创新思维和实践能力的社会主义建设者和接班人。

2.全员、全过程、全方位育人

全员育人与美育。全员育人强调教育的责任需要全体师生员工共同参与,形成一个互相支持、互相促进的教育环境。这意味着在美育育人体系中,除了艺术类教师需要参与到美育教学之外,其他学科教师、行政管理人员、学生辅导员等也应当在各自岗位上为美育育人作出贡献。例如,西南大学通过开展"艺术进课堂"活动,鼓励非艺术专业的教师将艺术元素融入自己的教学,让学生在各个学科中都能接触到美育内容。全员育人还需要学生社团、艺术团体的指导老师和成员共同努力,举办各类艺术活动,如戏剧节、音乐节等,让全校师生都能参与其中,共同体验艺术的魅力。这种全员参与的美育实践有助于培养学生的团队合作精神和集体荣誉感,促进学生审美素养和人文素养的全面提升。

全过程育人与美育。全过程育人要求教育应当伴随学生的整个成长过程,包括从入学到毕业,甚至毕业后的持续学习。在美育育人体系中,这意味着学校应当提供连续性的美育教育,确保学生在不同学习阶段都能接受到适宜的美育指导。例如,西南大学通过开设不同层次的艺术课程,满足不同专业学生的需求,艺术类专业学生在学科基础课程和专业发展课程中修读艺术类课程;师范类专业学生在教师教育课程中修读艺术类课程;其他类型本科生则在通识选修课中必选公共艺术类课程。此外,高校还可以通过校友会等平台,鼓励毕业生继续参与艺术活动,保持与母校的联系,践行终身学习的理念。

全方位育人与美育。全方位育人要求教育应当涵盖学生生活的各个方面。高校美育应当融合到学校的教育环境、校园文化、课外活动等各个层面中。例如,西南大学整合校内外艺术资源,为学生提供多样化的艺术学习和实践机会。学生可以根据自己的兴趣爱好参与不同艺术领域的学习或实践,获得多方面的艺术熏陶。全方位育人还要求学校关注学生的个性化发展,尊重学生的兴趣和特长。高校美育应当为学生提供个性化的艺术指导和支持,帮助他们发掘和发展自身的艺术潜能。例如,西南大学为有特殊艺术才能的学生提供专业的辅导和展示平台,鼓励他们在艺术道路上不断探索和进步。

3.文化自信与传承创新

融入传统文化。美育作为培养学生审美情感和文化认同的重要途径,在其相关课程设计中应积极融入中华优秀传统文化元素。学生通过书法、绘画、音乐等美育课程的学习,不仅能学习到相关技艺,更能深入理解中华文化的精髓和价值。例如,在书法课程中,学生通过学习书写技巧以及了解书法背后的哲学思想、历史故事和审美理念,可以提高自己的美育素养、增加自身的国学底蕴;在绘画课程中,学生通过学习国画、版画等传统技艺,可以体会到中国传统绘画艺术的独特韵味和魅力;在音乐教育中,学生通过学习民乐、戏曲等,可以感受到中国传统音乐的丰富多样性和其中蕴含的深厚文化内涵。传统文化潜移默化的融入不仅有助于学生建立起对中华文化的自豪感和归属感,还能激发他们对传统文化的兴趣和热爱、促进文化传承,同时还有助于培养学生的跨文化理解能力和国际视野,使他们能在全球化背景下更好地传播和推广中华文化。

体现时代精神。美育应体现时代精神,不断吸收新的文化元素,反映时代的变化和发展,帮助学生理解当下的社会文化背景,激发他们对现代审美文化的探索和表达。例如,美育课程中可以增加有关现代艺术流派的学习内容,让学生了解当代艺术家的创作理念和作品特点;探讨现代社会问题(环保、可持续发展等),引导学生用艺术的形式表达对时代议题的关注和思考,鼓励学生创作具有社会责任感的艺术作品。

(二)深化美育教学改革

深化美育教学改革是高校学生美育育人体系构建的重要内容,须坚持以跨学科思维引领课程设计,着力培养学生的创新能力;坚持理论与实践相结合,积极开展具有自主性、创造性、趣味性的活动课程;积极拓宽国际视野,开展国际交流、倡导多元文化体验;在以综合素质和能力培养为中心的通识美育教育下,建设与之相适应的高素质师资队伍。

1.跨学科融合

创新课程设计。高校须创新跨学科的美育课程设计,拓宽学生的知识视野,促进学生综合运用不同学科的知识和技能,提升解决实际问题的能力。例如,西南大学开设"微生物作画"的通识选修课课程,通过融合了艺术与科技的课程,学生可以学习如何运用微生物来创作艺术作品。这种跨学科的课程不仅能激发学生的好奇心和探索欲,培养他们的创新意识和实践能力,还有助于学生认识到不同学科之间的联系和互动,从而更好地理解和应用学科知识。同时,学生通过在艺术创作中运用科学原理,在科技项目中融入美学设计,有助于其形成跨学科的综合思维模式。

推动项目合作。项目合作是培养学生跨学科沟通能力和协作能力的有效途径。高校美育应鼓励不同学科背景的学生共同参与艺术项目,促进学生之间的交流与合作。通过项目合作,学生可以学会倾听和理解不同学科的观点与方法论,协调和整合各方资源共同解决问题。例如,在与环保主题相关的艺术展览设计项目中,环境科学专业的学生可以提供专业知识,艺术设计专业的学生可以负责视觉表达,工程学专业的学生则可以解决技术难题,通过合作,学生不仅能提升自己的专业技能,还能培养跨学科沟通和协作的能力。

培养创新能力。跨学科学习和实践,可以有效激发和发展学生的创新能力。高校美育应鼓励学生参与跨学科的艺术创作和科技项目,培养学生的创新思维和问题解决能力。例如,通过参与艺术与科技结合的项目,学生可以探索如何利用新兴技术来创造新的艺术形式,或者如何在传统艺术中融入现代元素。通过参与艺术设计与工程的合作项目,学生可以学习如何将美学原理应用于产品设计,创造出既美观又实用的产品。

2.实践教学与体验学习

搭建实践平台。实践平台的搭建是培养学生创新能力和实践技能的重要环节。艺术实践基地和展示平台的建立,为学生提供了展示自己作品的空间以及能在其中主动学习和探索的环境,包括实体的艺术工作室、艺术馆以及虚拟的在线展览馆等。通过实践平台,学生可以将课堂上学到的理论知识转化为实际操作的技能,同时也能在真实的社会环境中检验和完善自己的艺术创作。这种实践经验对学生理解艺术的社会价值、培养市场意识和规划职业具有重要意义。实践平台还能为学生提供交流和互动的机会,学生与来自不同背景的观众进行交流和互动,不仅能拓宽视野、提升沟通能力和团队协作能力,还能更好地理解公众的需求和审美趋势,从而在未来的艺术创作中更好地服务于社会。

推广体验式学习。体验式学习强调学生通过亲身参与和直接体验来获得知识和技能。美育中的体验式学习,能让学生直接感受艺术的魅力,从而更深刻地理解和欣赏艺术,在学习艺术基本技能和理论知识的同时体验艺术创作的乐趣;激发学生的创造力和想象力,培养其审美情感和艺术鉴赏能力;帮助学生建立对艺术的个人理解和感悟,形成独立思考和表达的能力。

3.国际化视野

开展国际交流。在全球化背景下,国际交流成为教育领域中不可或缺的一部分。通过开展国际艺术交流,如邀请国际艺术家来校举办讲座、开展国际交流项目等,学校能为学生提供与世界各地艺术家直接接触的机会,在多元文化的碰撞和交流中,开阔学生思路,拓宽学生的国际视野,促进学生对全球艺术发展趋势的了解和认识,培养学生的全球竞争力和跨文化沟通能力,激发学生的创新思维和批判性思考。

倡导多元文化体验。多元文化体验旨在通过艺术教育增进学生对世界多元文化的理解与尊重。美育过程中,学生在学习本国文化的同时,还会接触和研究不同国家和民族的艺术,如亚洲的书法、非洲的舞蹈、欧洲的交响乐等。这种多元文化的学习和体验有助于打破文化隔阂,促进各文化之间的相互理解与尊重,使学生认识到人类文化的多样性和丰富性,培养其跨文化意识和全球视野。

4. 教师队伍建设

提升教师专业素养。教师的专业素养是确保高校美育质量的关键。在师资队伍建设中,高校应注重教师的艺术专业背景、教学经验及其教育教学能力。例如,西南大学在美育类师资队伍建设上,不仅要求教师具有深厚的艺术功底,还要求其具备将艺术知识有效传授给学生的能力。学校各艺术相关学院通过定期的教学研讨、教学观摩和教师培训等方式,不断提升教师的教学水平和专业技能;鼓励教师参与国内外的艺术交流和展览,以保持教师的艺术创作活力和教学内容的前沿性。学校通过各种措施,确保美育课程的教学质量,为学生提供高质量的艺术教育。

推动教师持续发展。教师的持续发展是推动美育创新的重要动力。高校应为美育教师提供持续的专业发展机会,以促进教学内容和方法的更新。例如,西南大学实施了一系列教师发展计划,包括国内外访学、学术交流、艺术驻地等项目,鼓励教师不断探索新的艺术领域和教学方法。通过这些项目,教师能接触到最新的艺术趋势和教育理念,提升其专业水平,同时将这些新知识融入美育教学,不断刷新和丰富美育课程内容,为学生带来更具创新性和启发性的艺术教育。

构建教师激励机制。教师的积极性和投入度对营造积极的美育氛围至关重要。高校应建立有效的激励机制,以激发教师投身美育工作的热情。例如,西南大学美育研究院通过设立"伶俐"美育教育基金、优秀美育教师评选等措施,表彰和奖励在美育教学和研究中作出突出贡献的教师;定期举办美育成果展示和美育周等活动,为教师提供展示自己教学成果的平台。这些激励措施不仅肯定了教师的工作,也增强了他们对美育工作的认同感和归属感,激励其更加积极地参与美育育人工作。

鼓励教师团队协同合作。高校美育育人体系的构建需要不同学科背景的教师团队协同合作。例如,西南大学在美育师资队伍建设中,鼓励跨学科教师团队的形成,通过建立交叉学科(如艺术与工程、生物与设计等)的美育课程,实现了教师资源的整合和优势互补。团队中不同学科背景的教师进行跨学科的合作,共同参与课程设计和教学活动,指导学生的美

174

育项目,不仅丰富了美育课程的内容,也为学生提供了更为全面的美育体验,更好地满足学生的美育需求。

(三)改善美育办学条件

高校需在美育办学条件上进行相应的改善和提升,营造具有学校特色的美育氛围。物质文化方面,建筑与景观设计要体现学校精神风貌及特色,同时加大对与美育相关教学设备、教学场所的投入和资源配置。精神文化方面,要将鲜明的学校文化色彩、社会道德要求、追求真理的精神品质融于各种活动之中,为学生提供更高质量的美育育人环境。

1.增加经费投入

充足的经费投入是高校美育活动顺利开展的重要保障。高校需要确保有足够的经费用于支持美育课程的开发、教学设施的建设以及组织各类美育活动。例如,西南大学设立"大学生文化素质教育与语言文字工作经费",用于支持美育课程的创新和改革,鼓励教师开发跨学科、实践性强的课程;投入资金用于购买艺术教学设备,如高质量的音响系统、专业绘画工具等,以提升美育教学质量;每年举办艺术节,开展戏剧、舞蹈、音乐等多样化的艺术活动,鼓励和引导学生积极广泛参与,丰富校园文化的同时,也为学生提供展示和提高自身艺术才能的平台。

2.完善升级设施

良好的艺术教育设施是进行高质量美育教学的基础。高校应当建设和维护一批高标准的艺术教育设施,如艺术教室、展览馆、音乐厅等,以满足不同艺术教学和表演的需求。此外,可以通过引入先进的教学设备和技术,打造数字化艺术工作室、多媒体互动教室等,不断提高教学的数智化水平,在提升教学效果的同时,也为学生提供更加丰富和多样化的学习体验。

3.整合利用资源

高校美育的发展还需要充分利用和整合校内外资源。高校可通过校企合作的方式与社会艺术机构等开展合作,为学生搭建更广泛的学习和实践平台,让学生通过合作项目参与到实际的艺术展览策划和艺术创作中,为学生提供接触艺术界专业人士的机会,帮助他们了解艺术行业的实际工作情况。此外,高校还可加强对校外艺术资源的引入,如定期邀请艺术家、艺术团体来校进行交流和演出,邀请国内外知名音乐家来校举办大师班和音乐会等,在丰富校园文化的同时,为学生提供近距离学习和欣赏高水平艺术表演的机会。

(四)健全美育评价机制

健全的美育评价机制是确保美育教育质量持续提升的基石,也是推动学生全面发展的重要保障。高校须建立全面有效的美育评价机制,通过定期的教学质量监控、学生反馈收集、教学成果评估等及时了解美育教学现状,发现美育育人中的问题,并采取相应措施改进优化,促进教师教学方法的创新和提升,激发学生的学习热情。确保美育教育始终与学生的需求和时代的发展保持同步,不断提高美育教育的质量和效果。

1.构建教学质量监控体系

建立有效的教学质量监控体系对确保和提升美育教学水平至关重要。高校应定期评估教学内容、方法和效果,确保美育课程能满足学生的需求和时代的发展。例如,西南大学建立了一套完善的教学质量评估体系,包括同行评审、教学观摩和学生评教等多个环节。此外,教学质量监控体系还包括对教学资源的评估,如教学设施、教材和辅助材料等,帮助高校及时更新教学设备、优化课程结构等,确保美育教学质量。

2.注重学生反馈

学生是美育的直接受益者,其反馈对美育的改进和优化具有重要价值。高校应通过问卷、访谈、小组讨论等多种方式,定期开展学生美育体验调查,积极收集学生对美育课程和活动等的反馈,及时调整教学策略和内容,关注学生的全面发展和美育核心素养的培养,提高学生的美育满意度。例如,西南大学对学生反馈信息进行分析时发现学生对互动性和实践性较强的美育课程更感兴趣,因此增设艺术实践课程并引入项目式学习,让学生在参与具体艺术项目的过程中加深对所学理论知识的理解和应用。

3.评估教学成果

高校应定期组织美育教学成果展示活动(如艺术展览、音乐会等)来检验教学效果,并根据学生的展示成果进行教学内容和方法的调整。如学生在艺术展览中展示的作品表现出较高的创新性和技术水平,则说明教学内容合理,教学方法有效,可以继续沿用;如作品缺乏创新或技术不成熟,则需要教师反思教学过程,寻找改进的方法。

总体来说,随着整个社会对审美教育的重视程度的提高,高校美育工作已经迈出新步伐,但当前美育目标仍稍显空泛和盲目,美育体系和结构不够清晰,美育发展仍然处于初级阶段。美育的实施是一项长期、系统的工程,只有不断强化美育制度和政策引导,优化完善系统、科学的美育体系,加强师资队伍专业化建设,进一步推进美育课堂形式多样化、课外活动新颖化、人文环境幽雅化,才能真正提升美育效果,促进学生全面均衡发展。

第七章

高校学生劳动教育评价

高质量的劳动教育是强化社会主义现代化强国建设人才支撑的关键。为此,中共中央、国务院于2020年印发《中共中央 国务院关于全面加强新时代大中小学劳动教育的意见》,对全国大中小学劳动教育作出总体部署,从政策传音的高度为高质量劳动教育建设注入充沛动力。在相关政策的牵引下,各高校纷纷开启劳动教育建设新篇章,全国劳动教育进展如火如荼。然而,高校劳动教育的效果究竟如何?高校学生的劳动素养是否获得提升?如何对高校学生的劳动教育进行评价?为回应这些问题,高校学生劳动教育评价也应站在高质量劳动教育建设的战略基点上同步发展,推动构建高质量的高校学生劳动教育评价体系。

一、高校学生劳动教育评价的内涵特征

《深化新时代教育评价改革总体方案》在破"五唯"的指向大旗下提出,要"加强劳动教育评价",特别强调要"加强过程性评价,将参与劳动教育课程学习和实践情况纳入学生综合素质档案"。可见,高校学生劳动教育评价关键在于建立科学完善的劳动教育过程性评价体系,促进学生综合素养的发展。而衡量劳动教育过程性评价体系是否科学完善的前提是要充分认识到高校学生劳动教育的内涵、特征,并以此为基点确立高校学生劳动教育评价的目标、内容和方法。

(一)评价目标实质性

高校学生劳动教育评价的最终目标是促进并实现学生劳动素养的实质性生成,即学生的劳动素养真正得以内在生成并能持续发展,这是高校学生劳动教育评价的本质要求。高校学生劳动素养的实质性生成是学生劳动精神、劳动能力、劳动知识、劳动习惯、劳动品质等的综合性反映,这种综合性反映难以通过学生的获奖或者成绩等某些可视化成果或者量化指标展现。因为教育具有人学立场,个体的人在不同的情境中具有发展的独特性、差异性和现实性,好的评估应让所有的利益相关者在评估中得到成长[①]。由此,高校需要以促进学生劳动素养的实质性生成为评价目标,构建劳动教育过程性评价体系,从时间维度上充分考虑学生发展过程中,劳动素养生成的"动态性"变化和劳动素养发展的"持续性"叠加。

具体而言,一是要在时间长度的动态变化上关注学生劳动素养的过程性生成。高校学生劳动素养的培养本身在时间上具有过程性和持续性的发展特征,这意味着大学生劳动教育的评价不能只依据几门劳动教育课程的成绩,也不能只看一两次劳动实践活动的表现就判定学生的劳动

---

① 王建华.论高等教育的高质量评估[J].教育研究,2021,42(7):127-139.

素养。为此,高校学生劳动教育评价在时间长度上的延展要体现学生四年内劳动素养的动态变化和持续发展。二是要在时间宽度的内涵上把握大学生劳动素养的时代特征。高校学生劳动教育评价的过程性,强调要在评价中关注大学生在培养过程中的变化,即劳动教育评价的理念、目标、内容、方法等是否与大学生劳动教育的时代内涵相符合。新时代高校学生劳动教育不再只是让学生从事扫操场、做清洁、下田地等传统意义上的劳动,更多是要培养学生的劳模精神、劳动精神和工匠精神等,其劳动素养的生成应该更加多元和复杂。因此,高校学生劳动教育评价在时间宽度上的把握应更加注重评价体系与时代情境的匹配度。

(二)评价内容融合性

评价内容的建构是开展教育评价活动的本体[①],对评价内容开展融合性建构亦体现了新的时代内涵下高校学生劳动素养的多元融合的要求。换言之,高校学生劳动教育评价的内容应聚焦学生劳动素养的多元化发展。高校学生劳动教育评价在本质上是一个多元化的融合性评价,其评价内容的建构应重点关注接受劳动教育的学生群体,体现其劳动素养的融合性生成,涵盖学生的劳动价值取向、劳动技能水平和劳动习惯与品质等多元化范畴。同时,在每一个评价范畴之内应该向内挖掘更为丰富和更加多元的评价要素,且不同评价范畴之间还应建立起多元共生、相互促进的螺旋耦合关系,从而促进学生综合性劳动素养的生成。由此,我们在构建高校学生劳动评价内容时,应注重劳动教育评价的"多元性"和"融合性",充分考量评价对象在发展过程中劳动素养的综合性生成。

具体而言,一是要关注学生劳动价值取向的确立。正确的劳动价值观能引领学生形成科学的就业、择业观念,以便在未来的工作岗位和职业发展中更好地承担社会主义建设者和接班人的时代责任。为此,劳动教育评价内容的建构既要关注学生对劳动的认知,也要关注学生对劳动的

---

① 陈亮.高质量教师教育评价:内涵特征、逻辑架构与推进策略[J].陕西师范大学学报(哲学社会科学版),2022,51(6):25-35.

态度;既要让学生理解、掌握马克思主义劳动观,也要深刻理解劳动的构成,防止劳动观念被窄化、泛化和物质化①,真正从内心热爱劳动。二是要关注学生劳动技能的习得。劳动技能是学生劳动素养和劳动水平的外在体现,既包括对劳动知识的理解与掌握,也包括对劳动知识的技能性运用。由此,高校学生劳动教育评价内容的建构既要关注学生对劳动理论的认识度,也要关注学生对劳动技能的运用度,促使学生将劳动知识转化为劳动能力。三是要关注学生劳动习惯和劳动品质的培养。劳动习惯和劳动品质是学生内化为劳动行动自觉的核心力量,能促使学生生成在未来持续发展的内生力。因此,高校学生劳动教育评价内容的建构既要关注学生在日常生活劳动、生产劳动和服务性劳动中的劳动意识和劳动自觉,也要关注学生在上述各类劳动中的担当、责任和奉献意识。

(三)评价方法创新性

评价方法的应用是教育评价活动开展工具性实践的重要抓手,也是建构高校学生高质量劳动教育评价体系的外在表征。在教育评价领域,关于教育评价方法的实施有两种思维,一种是"哲学思维",一种是"科学思维"。其中,"哲学思维"关注的是评价对象的价值性生成,"科学思维"关注的则是通过公平正义的评价方法实现评价活动的可评、可测、可量化。受客观主义、数据主义、公平正义等社会思潮的影响,教育评价更偏向于客观的量化标准,以此克服由于人的主观因素而导致教育评价出现非客观性的问题②。在这种量化的"数字式"指挥棒效应下,容易加剧评价对象内部的数量竞争,从而使教育走向急功近利的外延式发展方式③。由此,我们在开展高校学生劳动教育评价时,应在基于"科学思维"的评价方法建构上更加关注"哲学思维",通过评价工具和评价方法的创新,关注学生劳动素养的动态变化,促进学生劳动素养的价值性生成。

---

① 于秋叶,于兴业.新时代高校劳动教育质量评价的四重维度[J].学校党建与思想教育,2022(12):39-42.
② 于发友,陈时见,王兆璟,等.笔谈:新时代教育评价改革的逻辑向路与范式转换[J].现代大学教育,2021,37(1):20-37+111.
③ 刘振天,俞兆达,陈恩伦,等.新时代学科评估改革的新思维(笔谈)[J].吉首大学学报(社会科学版),2021,42(1):59-76.

具体而言,一是要注重量化评价和质性评价的有机结合,提高学生劳动教育评价方法的科学性。其中,量化评价要注重运用"科学思维",对学生的劳动知识、劳动技能等外在性的劳动表现进行数据搜集、分析和处理,获得对学生外在性劳动素养的客观性评价。质性评价要注重运用"哲学思维",对学生的劳动精神、劳动价值观念、劳动态度、劳动品质、劳动习惯等内在性的表现进行质性鉴定,获得对学生内生性劳动素养的综合性评价。二是要注重评价手段的创新性运用,提高学生劳动教育评价方法的适切性。如通过数字信息技术的应用建立大学生劳动素养实时跟踪系统,即时记录和监测大学生在各类劳动教育活动中的实时表现,在纵向的时间序列中,动态追踪大学生从大一到大四劳动素养的变化情况,帮助学生充分认识自己劳动素养的创生演化,促进劳动素养的持续生成和发展。

二、高校学生劳动教育评价的逻辑架构

构建高质量的学生劳动教育评价体系是实现高校劳动教育高质量发展的指挥棒,也是实现劳动教育高质量发展的本真意涵和重要内容。高校学生劳动教育评价体系的高质量建构离不开立德树人的价值生成、促进素养生成的能力本位、聚焦育人情境的实践建构。高校学生劳动教育评价体系应立足新时期高质量教育体系建构的时代内涵,明确其在价值逻辑、能力逻辑和实践逻辑上的内涵要义,充分凝聚促进大学生劳动教育高质量发展的共识,从而形成以评促建的发展合力。

(一)价值逻辑:观照大学生的立德成人属性

按照古希腊哲学家普罗泰戈拉的哲学观点,人在万物之中具有主体地位,是一切活动的最终尺度,所有的教育活动都应指向人的发展。可见,人对自我的维系和发展是价值的本体,也是价值的结果。鉴于此,劳动教育同样应以人的发展作为根本尺度。马克思在其劳动价值观中表达了同样的观点,指出"未来教育对所有已满一定年龄的儿童来说,就是生产劳动同智育和体育相结合,它不仅是提高社会生产的一种方法,而且是

造就全面发展的人的唯一方法"①。劳动教育评价作为劳动教育体系中的重要一环,同样应以立德树人的初心和使命为价值起点,将关照大学生的全面发展作为评价体系建构的理想样态和本体价值。

具体而言,高校学生劳动教育评价应指向立德树人的教育任务,引导大学生在劳动教育的实践活动中领悟劳动的价值,走向求真、向善的自我完善之路,从而实现教育的育人属性。一方面,将立德的"价值意涵"作为高校学生劳动教育评价体系构建的逻辑起点。德性是人类尊严之所系,表征着心灵和生活世界的条理与秩序②。"立德"不仅体现了教育对中华优秀传统文化道德的朴素传承,也是对教育终极价值作出的最深刻诠释。劳动教育是人才培养体系中的重要环节,通过劳动教育向学生传递劳动情感和劳动价值,能进一步促进学生的德性生成,理应成为高质量劳动教育体系的终极价值。为此,高校学生劳动教育评价要以学生的德性生成为价值宗旨,将促进大学生的"立德"价值贯穿劳动育人的全过程中。另一方面,将成人的"价值目标"作为高校学生评价体系建构的逻辑路向。在工具理性的强势扩张下,"制器"导向的个人发展理念大行其道,每个人都在不断打磨自身的工具化能力,以期不断提高未来职业发展的胜任力。制器化的培养理念容易让全人格培养的"成人"价值不断被消解,从而忽略教育是实现个体在精神、人格等内化心灵上的完整发展,指向主体的自我实现③。为此,高校学生劳动教育评价要以促进大学生的主体性发展为价值路向,增强学生以"成人"为价值目标的发展动力。

(二)能力逻辑:促进大学生的综合素养发展

当今世界正在经历百年未有之大变局,需要通过劳动者的辛勤劳动、诚实劳动和创造性劳动来最大化地发挥劳动者红利,从而推动全面建设社会主义现代化国家的新征程。高校作为人才培养的主阵地,培养的大

---

① 马克思恩格斯选集(第二卷)[M].中共中央马克思恩格斯列宁斯大林著作编译局,编译.2版.北京:人民出版社,1995:212.
② 陈根法.心灵的秩序:道德哲学理论与实践[M].上海:复旦大学出版社,1998:4.
③ 石定芳,陈亮.心灵秩序重塑:新时代研究生培养的旨归与路径[J].现代教育管理,2020(11):111-116.

学生是否具备综合性的劳动素养,关系着第二个百年奋斗目标能否顺利实现。国家的高质量发展需要高质量的人才队伍,而综合性的劳动素养则是高质量人才的必备要素,提升新时期人才队伍的劳动素养关系着中国特色社会主义事业的顺利发展。大学生的劳动素养正是综合性能力的体现,评价一个学生劳动素养高,既不代表他掌握了丰富的劳动知识,也不代表他拥有了丰富的劳动经验或者掌握了高超的劳动技能,而是要将两者进行有机的融合。因此,高校学生劳动教育评价须遵循能力逻辑,以综合性的劳动素养评价为宗旨,逐步推动大学生劳动能力体系的发展和完善。

强调高校劳动教育高质量发展要遵循能力逻辑,即通过劳动教育,实现学生综合性劳动素养的生成,与学生的整体化发展相协调。具体而言,就是要促进学生在包含着劳动认知、劳动思想、劳动技能、劳动情感等多重意蕴的劳动素养的综合性发展,既要关注学生劳动知识体系的建构水平,也要关注学生解决实际劳动问题的能力水平。一方面,学生劳动素养的综合性发展为高校学生劳动教育评价的高质量建设供给了实质内容。在高校学生劳动教育的能力逻辑视域中,大学生劳动素养的综合性发展是指劳动素养"内源性发展状态+外源性能力表现"①相结合的融生式发展。高校学生劳动教育评价的高质量建设则是对劳动内源性精神状态与外源性能力水平二元并重的综合性评价,应将大学生在实际劳动情境中完善自身、促进全面发展的内容纳入评价体系,而不只是关注学生劳动知识的掌握或者劳动技能考试的结果性评价。另一方面,高质量的劳动教育评价是提升学生劳动素养水平的基本保障。高质量的高校学生劳动教育评价是学生整个劳动素养生成的发展性和过程性评价,其根本目的是围绕大学生综合劳动素养的发展,促进学生获取劳动知识、习得劳动方法、养成劳动情感、收获劳动素养的持续性发展。因此,高校学生劳动教育评价应以大学生劳动素养的持续发展为内生动力,通过评价调动大学生的主观能动性,引导其主动进行自我完善与发展。

---

① 陈静.新时代劳动教育评价的三重逻辑[J].中国考试,2021(12):10-18.

(三)实践逻辑:融入大学生的劳动教育情境

劳动教育具有实践性,只有回归到劳动实践的情境中,才能让学生获得劳动教育的直观体验,培育学生结合实践情境解决具体问题的能力,从而生成实践智慧。这是因为,劳动作为人类活动的一种方式,与生活中的生产与实践密切相关[①],只有在劳动场域的真实实践中获得直观的劳动体验,劳动教育的目标和功能才能得以实现。劳动教育的本质属性是实践性,实质就是围绕劳动实践的情境性和具身性开展的系列教育活动,受教育者只有通过具体的劳动实践与体悟才能获得情感上的升华。因此,要想构建高质量的高校学生劳动教育评价体系,必须遵循实践逻辑,观照大学生在具体劳动教育实践情境中所获得的劳动素养。

一方面,高校学生劳动教育评价要充分体现劳动教育的情境性。教育情境是指在教育教学过程中,为实现教育目的,通过相互联结的人或物而创设的、蕴含情感影响力的场景或环境[②]。劳动教育所实施的教育需要在真实的劳动情境和劳动环境中,经过精心设计、有组织、有目的的教育活动,才能让学生将其真正内化为劳动认知。大学生在情境性的劳动实践过程中,通过劳动教育评价的引导和激励,能促进个体能力的高质量提升。因此,高校学生劳动教育评价须主动置身于真实的劳动实践情境之中,确保能通过可操作、可实施的劳动教育评价,引导高校劳动教育的高质量发展。另一方面,高校学生劳动教育评价要充分体现劳动教育的具身性。劳动教育强调学生亲历劳动场域,体含着"身心一元"的认知图式,具有"环境—身体—心智"之间的交互关系[③]。高校学生劳动教育评价通过对大学生具身性的劳动实践能力和实践智慧进行评价,能引导大学生从"死读书""读死书"的抽象理论中剥离出来,回到劳动实践本身,主动躬身劳动实践,提升自身劳动技能。因此,充分发挥高校学生劳动教育评价的"指挥棒"作用,引导大学生在纷繁复杂的劳动具身体验中能动地发挥

① 金哲,陈恩伦.新时代劳动教育的育人逻辑与实践路径探索[J].贵州师范大学学报(社会科学版),2021(6):53-60.
② 易鹏,石定芳.课程思政教学改革的困境、特性与实践探索[J].重庆文理学院学报(社会科学版),2020,39(4):124-132.
③ 顾建军.劳动教育要抓住灵魂科学实施[N].中国教育报,2018-11-28(9).

自身创造力,才能真正形成未来国家发展和社会进步所需人才的劳动实践能力。

三、高校学生劳动教育评价的内容体系

在全面推进高质量教育体系建设的新征程中,劳动教育在促进人的全面发展上具有举足轻重的作用。在高校劳动教育中,对学生劳动素养的培养是关键,其目标指向和核心诉求均是培育大学生的劳动素养。劳动素养的生成需要加强学生劳动观念、劳动能力、劳动精神、劳动习惯、劳动品质等方面的培育①,特别要在劳动精神、劳动情怀、劳动境界层面加以自觉修养和修为②。高校学生劳动教育评价的内容体系应围绕劳动素养的生成,从劳动素养的不同维度进行构建。具体包括以下五个方面。

(一)劳动观念养成

劳动观念是劳动素养的核心要素,体现了学生对劳动的价值认可和对劳动本身的认知。具体是指学生经过劳动教育后形成的对劳动的综合性认知,包含学生对劳动意识、劳动思想和劳动态度的表达③。首先,劳动意识是劳动观念形成的前提,是学生形成正确劳动素养的基础。具体是指学生对劳动所形成的认知的主观性表达。例如学生认为自己的事情该由自己独立完成,不能浪费他人的劳动成果等。学生只有在形成劳动意识的前提下才会形成劳动态度,并产生后续的劳动行动。其次,劳动思想是劳动观念的核心,是学生形成劳动素养的保障。具体是指学生在劳动教育理论影响下形成的对劳动的系统性和科学性理解。例如学生要正确认识马克思主义劳动观,需要学习新时代习近平总书记关于劳动的系列

① 刘伟亮,霍莅坤,陶池月.新时代大学生劳动素养现状及路径研究[J].学校党建与思想教育,2023(16):44-47.
② 徐长发.新时代劳动教育再发展的逻辑[J].教育研究,2018,39(11):12-17.
③ 纪德奎,陈璐瑶.劳动素养的内涵、结构体系及培养路径[J].天津师范大学学报(基础教育版),2021,22(2):16-20.

论述和"劳动观"的具体内容[1],只有在科学理解劳动思想的基础上,才能形成对劳动最光荣、劳动最伟大的思想认知。再次,劳动态度是劳动观念的体现,是学生形成劳动素养的动力。具体是指学生对劳动活动的心理和行为倾向,是学生个体劳动行为外化的表现。例如,学生形成积极的劳动态度后,能产生主动承担生产劳动或服务性劳动的具体行为,积极地参与各类社会实践,主动将自身所学知识应用到劳动实践中。

此外,学生在形成劳动意识、劳动思想和劳动态度的基础上,将进一步形成劳动精神、劳动习惯和劳动品质。劳动精神是劳动者个体在劳动意识、劳动思想和劳动态度上的升华与凝练,是劳动者在劳动中展现出的精神状态和精神面貌,指导着个体外在的劳动行为。劳动习惯和劳动品质是学生经过劳动教育后刻入个体内部的人格品质,是学生劳动行为和劳动精神的自觉化体现,展现的是劳动者个体内在思想与外在行为中的劳动素养。

因此,对学生劳动观念的评价不仅要评价学生的劳动意识、劳动思想和劳动态度,还要进一步升华到学生的劳动精神、劳动习惯和劳动品质等方面,评价学生是否有吃苦耐劳的勤俭态度、自立自强的奋斗意识、乐于奉献的劳动精神、自觉主动的劳动习惯、勇于担责的劳动品质等。西南大学在大学生劳动教育素养评价的管理办法中,将劳动观念评价作为劳动教育评价内容的首要内容,具体涉及劳动反思、择业、就业和创业观等内容,主要考查学生在接受劳动教育的过程中,对劳动的意义、价值的领悟程度,以及对择业、就业和创业的看法。

(二)劳动知识学习

劳动知识是指学生在真实的劳动或工作场景中需要运用的知识,是大学生开展具体劳动实践的基础保证[2]。按照劳动的类型,可以将大学生的劳动知识分为日常性劳动知识、专业性劳动知识和发展性劳动知识。

① 纪德奎,陈璐瑶.劳动素养的内涵、结构体系及培养路径[J].天津师范大学学报(基础教育版),2021,22(2):16-20.
② 陈燕.数字时代大学生劳动素养及其评价体系的构建[J].学校党建与思想教育,2023(13):61-64.

日常性劳动知识又可称作公共性劳动知识,是指大学生在日常生活与日常劳动中需要运用的劳动知识,包括日常劳动中的常识性知识和对日常劳动工具的运用性知识。例如,洗衣做饭、打扫卫生、收拾房间等都属于常识性劳动知识,各类日常性劳动工具的运用属于运用性劳动知识。专业性劳动知识是指大学生围绕自身专业学习获取的知识,是大学生开展专业性劳动所具备的知识[①]。例如,法律专业的学生要从事律师、检察官、法官等工作,必须掌握各类法律知识。发展性劳动知识是指能支持大学生在劳动情境中的内在需要和长远发展的知识,兼具劳动知识的通识性和专业性特征。通识性特征主要体现在让学生理解什么是新时代劳动精神、劳模精神、工匠精神、马克思主义劳动价值观、中国特色社会主义劳动价值观等通识性劳动知识,从内心需要的层面激发学生热爱劳动、崇尚劳动的积极心态。专业性特征主要体现在让学生了解劳动安全、劳动法律法规、劳动法、劳动风险、劳动社会保障等与劳动者个体长远发展的知识,让学生能在未来的劳动情境中更好地维护自身合法的劳动权利,保障自身的利益。

除此之外,大学生的劳动知识还包括数字领域知识。随着第四次工业革命的推进,触发了知识生产方式的转型,以人工智能、大数据、物联网、量子信息技术等为代表的科技不断实现新突破,科技发展和产业变革带来了劳动形态的新变化。这种变化是数字技术的普及和数字劳动场景的丰富,人类已经进入了具有数字化特征的人工智能时代。人工智能时代衍生出了劳动形态的新变化,对劳动者的知识储备也提出了新的要求,即劳动者需要具备数字领域知识,能够充分运用数字技术以及在数字场景中劳动所需要的知识。这种知识是新时代大学生劳动教育中的新兴知识,也是互联网时代下大学生必须具备的一项基础性劳动知识。具体是指大学生能运用数字技术或在数字场景中开展数字劳动所涉及的知识,例如大学生能针对具体的问题开展文献检索、数字资料编辑、数字资料管理、数字资料分析、数据化呈现等[②]。

---

① 陈燕.数字时代大学生劳动素养及其评价体系的构建[J].学校党建与思想教育,2023(13):61-64.
② 陈燕.数字时代大学生劳动素养及其评价体系的构建[J].学校党建与思想教育,2023(13):61-64.

综上所述,新时代高校学生应具备的劳动知识体系应涵盖日常性劳动知识、专业性劳动知识、发展性劳动知识和数字领域知识。由于各类劳动知识的内容丰富且庞杂,很难对学生掌握知识的程度进行客观评价。因此,对高校学生劳动教育评价内容中的知识体系评价可以转换为对劳动教育课程体系的评价,即对高校劳动教育课程的丰富程度进行测评。

高校要明确劳动教育主要依托课程,在调查学生兴趣与社会需要的前提下开设劳动教育专题课,或在已有课程中增设劳动教育内容,注重对各专业学科劳动教育内容侧重点的把握;同时围绕创新创业,结合学科和专业特点,积极开展实习实训、专业服务、社会实践、勤工助学、志愿者服务等校内外劳动教育。例如,西南大学在大学生劳动教育素养评价的管理办法中,将学生劳动知识的学习评价作为基础内容,要求学生参加专题讲座、课程研习、经典阅读、主题演讲等丰富多样的劳动知识学习活动,并完成多篇经典阅读报告,参加多种类型的学习活动。

(三)劳动实践活动

劳动实践是人才培养的重要途径,通过劳动实践,既可以巩固学生所学的劳动知识,又可以解决实际问题,还可以培养学生的劳动实践能力和独立自主能力。劳动实践活动包括日常生活劳动实践、生产劳动实践和服务性劳动实践等主要内容。

日常生活劳动实践,通常指的是学生在日常生活中参与的各类劳动活动。对学生日常生活劳动实践的评价可从学生个人物品整理及清洗、宿舍清扫和垃圾分类、良好劳动习惯养成、劳动自立自强能力提高、良好学习生活环境营造等方面开展。如早睡早起,按时作息;勤洗澡、勤理发、勤换洗衣服,养成良好的个人卫生习惯;仪表大方、衣着整洁、举止端庄、用语文明、待人礼貌;积极参加各种生活劳动、公益活动,不逃避、不消极怠慢,不损坏各种设施和劳动工具,尊重他人劳动成果等。以宿舍卫生检查为考核手段,在宿舍卫生和个人卫生检查中成绩突出的给予表彰和奖励。

生产劳动实践是学生利用专业知识,在真实环境中完成真实任务的活动。对学生生产劳动实践的评价可以从学生是否运用专业知识,在真实的生产环境和社会工作环境中开展真实任务的劳动实践活动,体验生产劳动过程,掌握专业劳动知识,提升专业劳动能力等方面开展。如人文社会科学类专业学生的生产劳动实践是否与专业实习、社会实践、田野调查、毕业实习、毕业论文等有机结合;自然科学类专业学生的生产劳动是否结合生产实习、专业实习、工程实训、毕业设计等开展。具体的评价考核可以学生专业综合类实习成绩(如专业实习成绩、毕业实习成绩、展览成绩、表演成绩等)为主,若专业有多项综合实习,此项考核成绩可为多门实习课程成绩的平均值。

服务性劳动实践包括公益劳动实践和志愿服务实践两类。对学生服务性劳动实践的评价,可从学生是否积极参与公益劳动实践和志愿服务性社会实践两方面进行。其评价目标在于强化学生公共服务意识和主动奉献精神,提高学生综合劳动能力。其中,公益劳动实践包括协助会务人员做好校内各种会议、会场的宣传布置工作,了解宣传栏、横幅等的设计、排版、制作、摆放等知识;协助食堂工作人员做好学生就餐引导,组织学生有序就餐,文明就餐,做到"不插队,不拥挤,不喧哗"等。志愿服务性社会实践包括积极参加"祭奠祖先、缅怀先人"烈士陵园服务活动;积极响应"三支一扶"计划、大学生志愿服务西部计划等号召,到西部农村地区基层从事支教、支农、支医和乡村振兴服务工作;积极参加社会组织、学校、学院举办的各种志愿服务活动,如"青春红色逐梦之旅""三下乡"等。具体的评价考核可从学生参加活动的真实性、有效性方面进行考量,以及考查这些活动对学生成长和发展的促进作用。

(四)劳动技能训练

新时代的劳动教育强调要让学生直接体验和亲身参与,通过在"做中学"和"学中做"提高劳动技能水平[①]。高校劳动教育应注重培养学生在技术层面的动手操作能力和实践应用能力,积极为学生创造丰富的劳动条件,培养学生的专业性劳动技能和综合性劳动技能。学校应积极建设劳

---

① 陈高华,赵强.新时代劳动教育的感性维度探析——基于马克思劳动哲学的视角[J].北京社会科学,2024(4):15-23.

动教育实习实训和实践基地,提供丰富的实践训练机会,加强对现有劳动教育社会资源的开发与利用,为学生劳动技能的训练创造条件。

专业性劳动技能是学生在专业教育中必备的核心技能,是学生对与职业发展密切相关的劳动知识和劳动技能的掌握。大学阶段的劳动教育主题是"劳动创新,追求价值",其重点内容是系统学习专业知识,掌握专业能力,具有创造性解决实际问题的能力,主要方式是结合学科和专业开展劳动技能训练[①]。所以,高校学生劳动技能的培养更多是对学生的专业性劳动技能的培养。除课堂的理论教学、制度保障、学生思想意识的转变外,学校还要将提升学生劳动素养纳入学校实践育人立体网络体系之中,将学生的劳动教育融入实践活动和专业劳动技能培训当中。由于劳动技能的评价考核需要结合具体的应用场景,该项考核可由具体专业依据学科专业属性确定2—5门必修课程(须含实验或实践课程)为本专业的劳动教育技能课程,并在专业培养方案中进行标注。课程负责人在课程大纲中增加劳动教育目标和技能考核要求,各门课程的平均成绩在劳动教育评价体系中直接转化为专业性劳动技能部分的考核成绩。

综合性劳动技能包括单项综合性劳动技能和职业综合性劳动技能两类,分别以学生获得相应的技能证书为标准。单项综合性劳动技能证书包括普通话等级证书、外语等级证书、计算机等级证书、汽车驾驶证、游泳等级证书等。职业综合性劳动技能证书包括各类职业资格证书,如导游资格证书、律师资格证书、教师资格证书、心理咨询师资格证书、茶艺师资格证书、景观设计师资格证书等。学校在对学生劳动技能的评价考核中可设置应获得的单项综合性劳动技能证书的数量和类型,鼓励学生结合专业实际获取职业综合性劳动技能证书。

(五)创造性劳动实践

创造性劳动实践旨在鼓励学生在专业实践中尝试新方法、探索新技

---

① 陶凤云,沈紫晴,胡斌武.新时代一体化劳动教育体系:价值导向与实践进路[J].教育理论与实践,2022,42(25):16-20.

术、解决新问题,培养学生的创新精神和实践能力。随着第四次工业革命的推进,云计算、大数据、物联网和新型算法迅速发展,人工智能、万物互联、数字云科技等成为新时代的新特征,人类已经进入与智能技术融合共生的时代①。智能技术的迅速发展使劳动形态也随之发生剧烈变化,高校需顺应时代发展的潮流,将智能技术融入劳动教育,探索高校劳动教育的转型路径。同时,应进一步思考如何开展创造性的劳动实践,培养学生在未来开展复杂性、创造性智慧劳动的能力以及创新性的劳动思维。

在创造性劳动实践的推进过程中,高校还要积极营造创新性的劳动文化氛围,尽量多鼓励学生在专业实践中尝试新方法、探索新技术、解决新问题,组织学生广泛参与各种创新创业的比赛活动。引导学生积极参加各种国际比赛、竞赛活动,如奥运会、亚运会、世锦赛、艾景奖国际园林景观规划设计大赛等。引导学生积极参加由教育部(省部委)主办的各类大学生学科竞赛,如全国艺术体操锦标赛、大学生数学建模大赛、大学生电子设计竞赛、大学生机械设计大赛、计算机仿真大赛、大学生结构设计竞赛、工程训练中心综合能力竞赛、"挑战杯"全国大学生课外学术科技作品竞赛等。引导学生积极参加由教育厅(教委)主办的各类竞赛,如物理实验创新设计大赛、"飞思卡尔"智能车大赛、SOPC电子设计竞赛、化学实验技能竞赛、生物实验技能大赛、土木工程专业结构力学竞赛、美术与设计大赛、师范生教学技能大赛等。引导学生积极参加由教指委或全国性学会(协会)主办的各类竞赛,如全国大学生数学竞赛、全国软件专业人才设计与开发大赛、大学生网络商务大赛、先进图形技能大赛、全国大学生英语竞赛、中国大学生原创动漫大赛等。通过引导学生参加多类型的创新性比赛,培养学生的创新精神和实践能力,将学生参加创造性劳动实践的表现纳入综合考评。

利用"融媒体"网络平台的独特优势宣传在创造性劳动实践活动中涌现出的学生劳动典型,激励高校学生在实践活动中放眼国内甚至国际各大学间的竞赛活动,考核学生结合专业知识参与高水平创造性或竞技类

---

① 胡雪凤,洪早清.高校劳动教育的智能转型与应然路径[J].教育理论与实践,2022,42(6):13-17.

活动的能力,包括专业性创造性劳动实践和综合竞赛类创造性劳动实践。如西南大学在评价考核学生创造性劳动实践内容中,重点考核学生结合专业知识开展高水平创造性或竞技类活动的能力,包括专业性创造性劳动实践和综合竞赛类创造性劳动实践,学生参加创造性劳动实践可获得额外加分。

第八章

数智化赋能学生立体综合评价

　　教育评价是衡量教育质量、引导教育方向的重要标尺，也是检测学生发展的关键环节和支撑教育决策的重要依据。《深化新时代教育评价改革总体方案》在"加强专业化建设"部分明确指出，要"创新评价工具，利用人工智能、大数据等现代信息技术，探索开展学生各年级学习情况全过程纵向评价、德智体美劳全要素横向评价。完善评价结果运用，综合发挥导向、鉴定、诊断、调控和改进作用"，为数智化手段赋能学生立体综合评价指明了方向。

一、高校学生立体综合评价数智化赋能的基本原则

长期以来的应试教育,导致我国学生评价以学业水平为重,将学业水平作为评价学生综合素质的硬指标,并将课程成绩与"智育"简单画上等号,并不契合科学育人的目标。传统学生评价模式普遍存在评价内容窄化、评价技术落后、评价指标主观性强、评价结果不透明、评价过程不可溯等问题[①],难以反映学生成长的全周期、全过程、全角度,也难以体现综合素质评价的客观性和提高评价过程的可信度。新兴信息技术为学生立体综合评价改革提供了有力支撑,能更便捷地记录学生成长的全过程、更快速地生成评价结果、更客观地展示发展变化趋势,以更高的效率、更低的成本、更快的迭代、更好的体验为新时代学生评价改革赋能。在学生立体综合评价数智化赋能的过程中应遵循关注全过程、视角全方位、评价多元化、表达可视化四个基本原则。

(一)关注全过程

学生的成长轨迹持续变化,基于结果的评价方式是碎片化的,仅能反映学生在特定时间的状态。数智化赋能学生立体综合评价应关注全过程,将评价范围拓展至学生成长的全周期,通过对信息技术的运用,全方位收集学生数据,使学生评价能更全面和准确地反映学生的成长和发展情况,从而为学生提供更专业的评价和指导。

当今教育数字化转型背景下,高校教育教学模式也突破了传统的界限。在硬件设备方面,教育教学环境逐渐智能化,利用物联网设备和各类智能终端可实现数据的伴随式采集,让海量的学生数据自动汇聚;利用数据库技术,可对任何学生的任意评价指标及时采集并存储,使数据记录更

---

① 阮浩,涂辉,丁中燕.新时代信息化支撑高职院校学生评价治理体系建设研究[J].职业教育研究,2023(8):44-49.

加简单高效。在应用建设方面,越来越多的教育教学过程采用在线直录播教学、双师互动教学、翻转课堂、混合式教学等方式,记录学生在课堂上的互动、答题、测验等数据。此外,在课外社团活动、参与学科竞赛、阅读书籍、实习就业等方面的数字化应用不断出现,提升了人才培养过程的数据完备性,使获取学生整个成长过程的评价数据成为可能。

数智化赋能高校学生立体综合评价,可便捷和高效地采集与分析学生在不同阶段的学习成绩、参与活动、社会实践、奖惩等数据和信息,并对学生成长的过程性评价数据予以忠实的全程记录和分析;还可以针对不同评价指标的要求和特点,借助特定的工具有针对性地收集数据,为评价提供全面的数据支撑,提升评价能力;同时,还可以利用大数据和大模型技术对这些数据进行整合和推理,挖掘潜在的规律和趋势,充分结合过程数据,实施纵向对比,探索增值评价,使评价结果更具深度和指导价值。

(二)视角全方位

学生评价改革的目标是促进学生德智体美劳的全面发展,视角全方位原则强调学生评价应从不同视角,对学生开展全方位横向评价,涵盖德育、智育、体育、美育、劳动教育等各个方面的表现,而不仅仅局限于某一方面的表现。应综合考虑学生在学业成绩、综合素质、创新能力、实践经验、社会责任感等多个方面的表现,对学生的整体素质和能力进行立体化全方位的评价,从而更全面地了解学生的潜力和发展状态,为学生个性化发展提供更有针对性的建议和数据支持。

现代信息技术在高校学生的全方位评价过程中发挥着不可替代的作用。具体来讲,要完整采集评价指标中德智体美劳各个方面的表现数据,特别是对过程数据的采集,非人力所能完成,离不开各种伴随式的智能采集设备和各类便捷式的评价填报工具的支持;对学生全方位的记录,会沉淀下海量的数据,有结构化的、非结构化的,有定量的、定性的,采用传统手段处理这些数据将是一项令人绝望的任务,只能依靠大数据、人工智能等技术来完成。数智化赋能学生评价可以充分发挥信息技术的优势,利用强大的硬件资源进行大量的自动化运算,在全过程、全方位的数据汇聚场景下进行多级联动计算,提高生成评价结果的速度和准确度。

(三)评价多元化

目前大多数高校的学生评价体系,仍以教师和管理人员为主要视角展开,较少从学生、家长、用人单位等角度来进行评价。这种评价模式下的评价结果受个人的主观意识影响较大,难以客观、科学地呈现学生的真实状态。应探索学生、家长、教师以及用人单位等多元主体共同参与的评价机制,让各评价主体能相对独立地评价学生的日常表现和突出表现,杜绝主观性、片面性和随意性因素的干扰,形成多元主体参与的评价体系,使评价信息更加丰富客观,提高评价结果的可信度。

如此大规模地开展评价活动,传统手段难以支撑,而利用信息技术却可以轻松办到。网络的全覆盖及移动化的普及大大提升了多元化评价反馈的便利性,算力的飞速发展更是让多元评价场景下的数据处理轻而易举,可以更快速地整合和分析这些数据,为评价提供更科学和客观的依据。

(四)表达可视化

学生立体综合评价体系是一种关注全过程,由多元评价主体参与,对学生进行全方位评价的评价体系,由于评价指标覆盖面广、评价数据多维、评价数据量大等原因,难以单纯依靠人力进行数据分析,更别提为了方便理解而重新组织数据了。数据可视化技术可有效解决这一难题。它以可视化形式呈现学生的评价结果,让评价结果一目了然,不仅便于学生更清晰地了解自己的发展状态,也为教育改革提供了更直观的参考依据,有助于学校更好地制定个性化的学生培养计划,能更有效地发挥评价结果的导向作用。

常见的数据可视化手段有学生成长档案、学生成长画像等。通过全面汇聚、整合和分析学生在学习、生活、活动、运动等全过程数据,建立科学的评价模型,可以让画像更加清晰地勾勒出学生的轮廓,使画像更立体、更真实。还可以利用大数据和智能化工具,按需从不同维度分析学生的成长脉络,为学生提供学业预警、实习就业岗位推荐等个性服务,为学校的招生、就业、人才培养、思政教育、学业指导等提供决策依据,发挥评价结果的导向作用。

二、高校学生立体综合评价的指标体系数字化

高校学生立体综合评价的显著特征是学生评价由碎片化向系统化转变,由经验判断向数据循证转变。以翔实的数据为基础,将学生纵向学习的全过程与横向发展的全要素整合起来进行更全面、更客观、更科学的综合评价。实施学生立体综合评价首先要建立一套含义清晰、科学准确的评价指标体系;然后根据评价指标采集和汇聚必要的数据;最后利用评价模型对数据进行定性或定量的计算和分析,产出评价结果并用于指导学生发展。数智化赋能学生立体综合评价的首要任务是将评价指标体系数字化,在这个过程中,涉及数智化评价软件平台的搭建、数字化环境改造、数据的伴随式采集、评价模型运行、结果可视化等诸多场景。

(一)指标体系数字化的实施步骤

学生立体综合评价指标体系的数字化包含以下几个步骤。

1.分解评价指标

评价指标分解需先确定德育、智育、体育、美育、劳动教育评价的具体内容和指标细分项,然后按照可观测和易获取的原则将评价指标分解为数据观测点,形成树状的层次结构。常见的学生评价二级指标大类通常涉及学生道德品质、行为表现、社会参与、学科成绩、竞赛成绩、科研能力、创新能力、体能测试成绩、运动技能水平、体育比赛成绩、日常运动参与情况、艺术创作、音乐表演、舞蹈演出、文化活动参与情况、实践技能培养、团

队合作项目、社会公益活动等方面。然后将二级指标进一步分解为具体可测量的观测点。以日常运动参与情况指标为例，为了便于采集和方便计算，可进一步地将指标分解为谁在运动、每天参与运动的时长、运动的强度、运动的种类等4个观测点。

2.数据采集

利用信息化工具和平台，对观测点实施数据采集，采集时为充分保障数据加工的便利性，建议对观测点数据进行统一的格式定义，包括采集对象、采集方式、使用的采集工具、必要的采集频率、数据的格式、数据的属性（定性、定量）、依托的软件平台等。仍以日常运动参与情况为例，获取每日运动时长的形式和方法是多样的，如可以选择APP的伴随式记录，也可以通过设置打卡点进行打卡签到；运动的强度、运动的种类以及运动技巧的评价则可以通过摄像头等设备进行捕获，通过对捕获到的运动视频进行结构化处理，分析出运动的时长、强度、种类等数据。

3.数据分析和处理

收集到的各类数据，在初步整理后，需要对其进行进一步的分析和处理。将定量数据结构化，将不易量化的数据（如实习评语等）通过语义引擎进行关键字识别分析，然后根据关键字进行标签化分类。最后，通过数据中心，将分析处理后的所有数据汇聚并导入评价模型进行计算，产出评价结果。

4.可视化展示

利用数据可视化工具，将评价结果按预先设计好的可视化模型展示出来，使评价结果更直观、易于理解。如通过常态化、自动化、个体化的数据采集，智能化、个性化、精准化的数据分析，可视化、动态化、定制化的数据呈现，形成学生的个人数字画像和群体数字画像。个人数字画像主要是呈现学生个体状态,评价反馈适用于学生和教师。群体数字画像用于呈现学生的群体状态,评价反馈适用于教育管理者,有助于教学改进和学校管理水平提升。学生通过纵向对比自己在不同维度和时间点的数字画像,可以对自己有一个更加客观全面的了解,从而有针对性地改进;教师通过学生之间的横向和纵向对比,可以更有针对性地为学生提供指导。

(二)指标体系数字化的实践探索

西南大学一直积极探索评价指标体系的数字化之路,本节以本科生综合素质测评为例,阐述指标体系数字化的过程。作为学生立体综合评价的重要内容,学校每年定期进行学生综合素质测评,以往是通过线下方式进行,各学院需要组织大量人手耗时大半个月的时间完成,耗时耗力。2019年,学校以修订本科生考评办法为契机,依托学工管理系统,将本科生综合素质测评指标数字化并上线运行。功能上线以来,得到师生的一致好评,测评结果不仅成为学生立体综合评价的核心支撑数据,还用于学校奖学金评定和先进个人、三好学生、优秀学生标兵以及优秀学生干部的评选。

1.测评指标的数据化

测评指标数据化需要对测评指标进行分解及数据量化,从而便于采集和汇聚。本科生综合素质测评根据《西南大学本科生综合考评办法》形成了一套测评指标,考查学生在思想政治、品德修为、学习态度、身心健康、体育素质、审美素养、劳动表现和行为规范等方面的表现,学校将这些较抽象的指标按照"易采集、易量化"的原则细分为多个数据项,例如,通过客观记录学生日常学习、生活、品行等多维度的数据,把学生积极参加学校(院、部)组织的集体活动、积极参加社会公益活动、见义勇为突出表现、受到学校纪律处分、损害学校荣誉或大学生形象、教育教学活动迟到缺勤、无故晚归或不归寝、不假离校等行为进行数据量化,再结合学生基本信息、考试成绩等,最终汇聚成支撑本科生综合素质测评的数据集。

2.测评工具的信息化

数据的采集和汇聚、测评活动的开展、测评结果的查询展示以及测评结果的运用都离不开信息化测评工具的辅助。学工部门依托学工管理系统开展线上本科生综合素质测评,通过电脑端和移动端为学生和相关工作人员提供填报入口,便于将一些日常指标数据录入系统。测评工作在信息化测评工具的帮助下,相较于传统的线下模式,效率得到极大提升。

3.测评过程的数字化

本科生综合素质测评工作在学工部门的组织下开展,由辅导员(班主任)负责,涉及学生自评(个人总结)、学生和班级互评、辅导员(班主任)考评、班级测评小组初审、院系复审等环节,而且各考评主体的分值权重不一,还有各学院(部)结合自身实施细则对学生进行正向和负向评价的考量,均具有较复杂的测评流程和计算规则。测评过程数字化,需将这些内容融合在一起,进行全方位的数字化表达,不是简单地将测评功能搬到系统中。学校应依据各类管理办法、各类制度和实施细则的要求,明确各参与主体需完成的工作任务,设计出测评流程的任务环节,并根据程序逻辑对流程进行整理和优化,在各环节功能中配置触发条件和应遵循的约束条件,形成测评工作的数字化模型。测评数据经各环节的"加工",最终产生出学生的测评结果并以可视化形式呈现。

三、高校学生立体综合评价的数智化赋能路径

学生立体综合评价数智化赋能的立足点是利用大数据、云计算、物联网、人工智能等新兴技术,有效采集和整合学生的各项数据,融合教师、学生、家长等多元评价主体,从评价手段、评价维度、评价精度、评价效率等方面提升评价能力,将碎片化评价转变为系统化评价,利用信息技术支撑评价数字化,并逐步将评价由数字化向智能化过程的转变。学校应抓住教育数字化转型契机,将高校学生评价指标体系转化为数字化评价模型,通过打造数智化评价平台体系以支撑数字化评价模型的有效运转。

（一）紧抓教育数字化转型机遇

2022年，高等教育的发展迎来了数字时代的新机遇。党的二十大报告中首次将"教育数字化"写入报告，并再次强调了"教育、科技、人才"统筹发展的重要性。教育数字化进一步深化了数字技术与教育培养的融合，将极大地改变教育的教学范式、评价方式和组织形式，从而持续推动高等教育的高质量发展，使教师教学、学生学习、学校管理从"以知识为中心"转变为"以学习者为中心"；教育决策从"基于经验判断"转变为"基于数据分析"。教育数字化首先应将新兴技术融入教育的各环节、各阶段，然后通过重组、再造，实现教育发展内生动力结构的转换提升，实现全要素、全业务、全流程、全领域的变革，建立教育新生态①。高校应紧抓教育数字化转型机遇，将学生立体综合评价与教育数字化转型相融合，同步规划，一体化建设。教育数字化必将成为学生评价改革的催化剂，全面赋能学生立体综合评价。

硬件平台的算力支撑、海量数据的处理技术、大模型的分析能力是提高学生评价科学性、专业性、客观性的重要技术手段。高校可依托数字化和智能化手段，如硬件平台的算力支撑、海量数据的处理技术、大模型的分析能力等，在人才培养过程中建立完善的数字生态体系，实现数字化与教育教学过程的深度融合，全面采集课堂教学和学生生活学习的行为数据，构建学生综合素质评价模型，提高学生评价的科学性、专业性、客观性，让多元化、场景化、过程化的评价成为可能。

（二）构建数字化评价模型

数智化赋能高校学生立体综合评价的关键一步就是根据学生评价指标构建数字化评价模型。评价模型是评价指标体系的数字化投影，其优劣程度直接决定着评价结果的有效性。一个科学的评价模型，其指标设

---

① 杨宗凯.高等教育数字化转型的路径探析[J].中国高教研究,2023(3):1-4.

计应具有层次性,能将定性评价与定量评价有机结合[①]。

学生立体综合评价指标体系将学生德智体美劳五大方面的评定指标层层分解为可观测的细分指标项,是标准的层次化结构,且这些指标项之间又具有较强的相互影响关系,正适用于采用层次分析法构建数字化模型。

1.建立层次分析结构模型

首先建立层次结构,以学生综合评价 Y 为决策目标,学生大学四年共八个学期,每一学期的综合评价结果为 y_t, $t=1, 2, 3, \cdots, 8$。第二层评定指标(A)分别为德、智、体、美、劳五个指标,由于这五个指标难以被直接量化表示,而且德、智、体、美、劳之间还存在着相互影响和深度关联,因此,我们设置第三层为由各评定指标(A)分解出来的可量化的评定因素(B)。最终加权汇总这些评定因素从而计算出上一层的评定指标。如图8-1所示,"智 A_2"受"课程成绩 B_4、社会技能 B_5、创新创业 B_6、科技创新 B_7"等因素的影响。我们可将这些因素作为第三层指标,用于量化第二层评定指标。

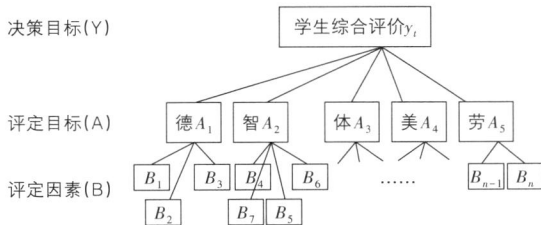

图8-1　学生综合评价层次结构模型图

2.构造成对比较矩阵

从层次结构模型的第二层开始,对于从属于(或影响)上一层每个因素的同一层诸因素,用成对比较法和1—9比较尺度构造成对比较矩阵,直至最下层。例如,我们假定德育与智、体、美、劳四育的重要程度比分别为

[①] 贾婷婷,郑瑞瑞,吕秀敏.信息化背景下以学生为中心的高等数学多元化评价体系构建[J].知识文库,2023,39(20):99-102.

2:1、3:1、4:1、5:1，其余指标依次成对比较重要程度（作 $C_2^5=10$ 次对比），我们可以得到如下成对比较矩阵。

$$A = \begin{pmatrix} 1 & 2 & 3 & 4 & 5 \\ 1/2 & 1 & 2 & 3 & 4 \\ 1/3 & 1/2 & 1 & 5 & 2 \\ 1/4 & 1/3 & 1/5 & 1 & 6 \\ 1/5 & 1/4 & 1/2 & 1/6 & 1 \end{pmatrix}$$

3.计算权向量并作一致性检验

对于每一个成对比较矩阵，计算最大特征根及对应特征向量，利用一致性指标、随机一致性指标和一致性比率作一致性检验。若检验通过，特征向量（归一化后）即为权向量；若不通过，需重新构造成对比较矩阵。

4.计算组合权向量并作组合一致性检验

由专家组确定各指标相对于目标层的权重 ω，以及各个评定因素对每一指标的权重后，将这两部分权重进行综合，最终计算出最下层各评定因素对目标层的权重，得到最终模型：

$$y_t = (\omega_{11}B_1 + \omega_{12}B_2 + \omega_{13}B_3) + (\omega_{21}B_4 + \omega_{22}B_5 + \omega_{23}B_6 + \omega_{24}B_7) + \cdots + (\omega_{51}B_{n-1} + \omega_{52}B_n)$$

$$= \omega_1 A_1 + \omega_2 A_2 + \omega_3 A_3 + \omega_4 A_4 + \omega_5 A_5$$

对模型酌情进行组合一致性检验。若检验通过，则可按照组合权向量表示的结果进行评价，否则需重新考虑模型或重新构造那些一致性比率较大的成对比较矩阵。

（三）打造数智化评价平台体系

数智化评价平台体系是一个以数智化评价平台为核心，以学生培养各方面和各阶段的相关业务系统为辅，以评价体系运转秩序为内联逻辑的有机整体，是一个由服务于学生综合评价体系的各类系统所汇聚而成的系统集群。

数智化评价平台以支撑数字化评价模型运行、输出评价结果为主要设计目标，要避免它的结构过于臃肿，平台的主要功能包括对评价指标数据的管理，对评价模型库的管理和算力支撑，数据分析和挖掘工具集，可视化与展示工具集，数据安全管理和完备的权限体系等。宜将终端采集能力（如视频结构化、调查问卷、考试成绩录入等）和数据汇聚能力分散于其他业务系统，使评价平台的主要精力集中在评价模型的运行管理上，但评价平台和业务系统应在评价体系框架下进行一体化设计，使之在技术标准和业务逻辑上保持高度一致，便于各系统之间高效协同。

业务系统在平台体系中的辅助作用同样不可或缺，评价模型所需的指标数据均来自各业务系统，如教务系统负责提供学生的课程数据，学工系统负责提供学生的日常表现数据，智慧教学平台负责提供学生的学习过程数据，等等。这些数据产生后由数据中心负责汇聚并输送给评价模型使用。应将各评价指标项与各业务系统的功能一一对应，当发现有指标项缺乏支撑时，应通过补建或优化等方式去改造业务系统，确保评价模型有充足的数据供应。

在平台体系中，还需通过 AI 引擎来提升模型的智能化水平。智能化的本质是将人通过经验认知获得的结论，转变成数据分析和挖掘的方法，发掘数据潜在价值的过程。在评价结果可视化的基础上，还需进一步运用人工智能、大数据分析等技术，结合大模型的推理能力，对评价指标数据进行更深入的分析和挖掘，使评价模型能"更科学""更聪明"地输出评价结果。

（四）强化数字生态建设

能否有效利用数字化评价平台体系支撑学生综合评价体系的数字化，从评价的手段、维度、精度、效率等多方面提升学生评价能力，并在数据分析和挖掘的过程中凝练学校多年办学过程中所积累的培养经验，使评价向智能化发展，与学校数字生态环境的优劣息息相关。强化数字生态建设的目的是夯实支撑评价体系高效运转的数字化基础,不仅包括软硬件数字环境建设,还包括数字文化素养建设和保障体系建设等。

1.大力推进教育数字化转型,夯实数字化基础

将学生立体综合评价与教育数字化转型相融合,同步规划,一体化建设。大力发展数字化,让信息技术融入人才培养的全过程。围绕数字化评价模型,体系化地建设数字化应用,实现对培养过程的全面覆盖。在数字化应用建设过程中,要避免各自为政、自扫门前雪式的建设、重复建设、烟囱式建设,制定体系化的评价指标,避免出现评价模型无法准确输出评价结果的情况。

评价模型的有效运转,离不开三大底层能力的支撑。一是数据感知能力,通过触达各个角落的软硬件终端环境,全方位、多视角地完成对学生评价指标的采集,就像大树的根系,提供评价所需的养分;二是数据汇聚能力,好比树干,是输送养分的通道,通过数据中心或数据交换工具,实时或定时地将终端数据汇聚起来,整合到一个统一的数据仓库中,并进行必要的预处理和数据治理,形成评价模型的"原料";三是计算和可视化能力,评价模型的运行环境和算力环境好比大树的树冠,"原料"在经过计算后,结合可视化手段就可以结出评价结果这颗果实。

西南大学稳步推进教育数字化转型,已建成校级数据感知和汇聚平台,正加快"树根"和"树冠"、根系末端的建设,改善智慧教学环境,开发数智化评价平台,促进"原料"吸收。例如通过复用标准化考场的摄像头,将教室的实时影像数据传输到智慧教育平台,利用平台的AI能力,对教室当前的教学状态进行判断,完成自动化的巡课管理,再结合学生的上课签到数据,即可完成学生学习过程的指标项记录;利用雨课堂、学习通等教学平台,实现课程的交互式评价,充分利用平台提供的各种功能,增强师生之间的沟通互联,构建课前、课中、课后的三段式课程评价机制。

2.加强数据治理，提升数据质量

数据是评价的根本，准确的评价结果依赖于高质量的数据，在数智化赋能高校学生评价的过程中要注重并长期坚持开展数据治理工作。数据质量的提升并非单纯依靠软硬件环境的简单堆砌，而是要通过加强数据标准建设，确立数据源头的主体责任，在确保安全的前提下，促进数据共享与交换，疏通评价数据采集的渠道等多种数据治理方式，使学生评价数据更加准确、有效。

3.丰富应用场景，发挥评价作用

学生评价的最终目的是促进学生的全面发展，旨在识别并发展学生的潜能、提高学生的自我认知、促进学生自主学习、培养学生综合素质、提高学生社会适应能力，为个性化教育提供依据、促进公平公正、反馈和改进教学质量等。要提供丰富的应用场景，最大化发挥评价结果在教学改进、学习辅导、学生激励、学生自我评估、课程和教学改革等方面的作用。例如可以针对个人、班级、专业、学院等不同主体进行分类画像，实现个性化推送，以满足不同主体的信息需求。

4.同步建设保障体系

在高校学生评价中，数智化赋能是手段，促进学生发展、体现学校的人才培养理念才是目标。为了确保实现这一目标，技术保障和管理保障缺一不可。学校在实施教育数字化转型的过程中要注重数字化能力的提升，通过数字化转型将信息技术广泛应用于学生培养过程中，构建数字化评价体系，为学生评价改革提供技术保障。同时，学生评价体系的数字化对学校管理体系的支撑能力也提出了考验，围绕人才培养这一目标，应形成由学校、相关职能部门、学院（部）等协同一致、各司其职的分级管理体系，有的放矢地开展工作，服务于学生立体综合评价体系。

5.提升数字化思维和素养

评价的实施离不开评价主体的参与,师、生等评价参与者的数字化能力也是影响评价准确度的重要因素。因此,应提升师生的数字化思维和素养,使其理解为何要使用数字化技术、如何使用数字化技术,并且能够良好地运用数字化技术,高质量地推动学生评价改革工作的开展。

(五)评估应用效果,促进平台迭代升级

评价的准确性是衡量数智化学生评价平台应用效果的关键指标,应建立有效的评估和改进机制,不断对平台实施优化迭代。具体可从以下几个维度对平台的应用效果进行评估。

1.性能和稳定性评估

数智赋能学生评价的出发点之一是提升效率,让评价参与者只需关注评价本身而不必陷入繁重的重复性数据处理工作之中。因此,平台的自动化处理能力、稳定性和处理效率都是重要的评估指标:一是平台应可以根据管理员的预设,自动地抽取数据,自动利用算法和模型对评价数据进行处理和分析,产出评价结果;二是平台应具有较高的执行效率,每一个评价周期的用时不能太长,且应能根据变化情况作出较及时的反馈,能实时监控评价结果的变化和趋势,及时预警异常情况;三是平台的运行应保持稳定,一方面平台自身要保证稳定运行,另一方面平台的算法和模型要具有稳定性,在相同的评价指标数据下应产生同样的评价结果。

2.运转情况评审

评价平台的优化是一个逐步迭代的过程,应组织专家组对评价平台的运转情况进行评审,根据专家组的评审结果进行持续改进。专家组的主要任务是对评价指标、评价过程、评价结果等进行评估,对平台的客观性、科学性和有效性进行检验。

3.社会评价反馈

社会评价是检验教育评价改革成效最重要的一环。在学生立体综合评价中,可以通过对毕业生的就业情况、学生毕业5年内的发展情况、用人单位评价和学生家长评价等反馈信息来检验学生评价改革成效。学校可通过就业平台、校友平台等系统定期开展相应的问卷调查,将反馈结果运用于评价体系的改进、评价指标和评价模型的优化,通过"运行—应用效果评估—迭代升级—再运行"的良性循环,促进数智化学生评价平台的迭代升级。

第九章

高校学生评价的改革路向

高校学生评价作为高等教育质量保障体系的核心环节，其研究进展、面临的现实挑战以及未来的发展趋势，直接关乎人才培养的质量与效果，对推动教育公平、促进学生全面发展具有深远意义。深化高等教育学生评价改革，既是对国内外教育环境动态变化的回应，也是教育体制内部自我优化的必然要求，更是高等教育学校实现内涵式发展、提升人才培养质量、增进核心竞争力的必然选择。

一、高校学生评价改革的研究进展

从 1905 年科举考试正式废止后，我国进入了教育评价理论实践科学化、系统化发展的时期。许多学者开始积极引入西方教育测量和评价理论，并为之付诸了大量卓有成效的教育实践。学生评价相关理论在引入和借鉴的过程中也得到了不断发展，并结合中国教育实际，逐渐建立起具有中国特色的学生评价理论体系。

1957 年 2 月 27 日，毛泽东在《关于正确处理人民内部矛盾的问题》的讲话中提出："我们的教育方针，应该使受教育者在德育、智育、体育几方面都得到发展，成为有社会主义觉悟的有文化的劳动者。"1999 年 6 月，中共中央、国务院发布的《关于深化教育改革全面推进素质教育的决定》中指出："以提高国民素质为根本宗旨，以培养学生的创新精神和实践能力为重点，造就'有理想、有道德、有文化、有纪律'的、德智体美等全面发展的社会主义事业建设者和接班人。"2018 年 9 月 10 日，中共中央总书记习近平在全国教育大会上首次提出要"培养德智体美劳全面发展的社会主义建设者和接班人"。

从"三育"到"五育"，评价体系的每一次迭代，都是对人才培养目标深刻理解的体现，也是教育理念与时俱进的重要标志。从传统的"德智体"三元并重，到后来加入"美"的维度形成"德智体美"四育融合，再到近年来提出的"德智体美劳"五育并举，这不仅仅是几个字的变化，更是对教育体系全面性、均衡性追求的深刻反映。

（一）关于德育评价方面

在新时代背景下，高校德育不仅承载着传承和弘扬中华优秀传统文化的使命，肩负着培育大学生社会主义核心价值观的重任，同时也是推动高等教育高质量发展的重要力量。大量学者对高校学生德育评价进行了较为深入的研究，主要聚焦在理论阐释、问题及对策、数智赋能等几个方面。

　　戎静①认为,高校德育评价的目的是促进学生良好品德的养成和全面发展,评价的内容不仅包括学生在校内的表现,还应涵盖其在家庭和社会中的行为。当前高校德育评价存在一些问题,如评价主体单一、评价标准模糊、评价过程主观化以及评价结果功利化等,这些问题限制了德育工作的深入发展,因此,构建以学生为中心、突出学生德育主体地位的评价体系显得尤为迫切。陆启越②将德育评价范式分为经验范式、科学范式和人文范式三种,认为应当转变传统的科学范式并着力构建人文主义取向的德育评价与实践体系,注重人文关怀和道德教育滋养。宗晓华等③尝试利用互联网大数据对德育评价数据进行提取,以"师德育人、课程育人、实践育人"构建德育过程测量指标,以"私德、公德、大德"构建德育成效测量指标,提出高校教育评价的德育之维。高文苗④以"全员育人、全时育人"为理念导向,重视强化德育师资力量、浸润点位、浸润时效以及浸润场域,提出构建"人、物、时、空"多位一体的浸润模式。王佳琦⑤从学生、社会、高校和家庭四个方面分析了影响高校德育实践的现实原因。并提出了高校德育工作取得突破的策略,尤其重视提升德育浸润质量和德育空间的延伸。朱新江⑥从教育场域、秩序与话语表达三个方面分析了数字素养视域下高校道德教育的特征,剖析了当前高校道德教育在数字网络环境下的新困境,重点从空间博弈、关系辨识和范式困境进行分析,并从中探索出高校道德与数字素养融合教育的体系构建。张展等⑦以"00后"大学生为研究主体,深入分析了"00后"大学生的群体特征以及高校德育工作在面对这一个性鲜明的"00后"群体时所遇到的困难,提出要与时俱进,根据学生特点创新德育工作开展的方式,利用信息技术手段和网络覆盖拓宽高校德育工作途径,搭建德育"大平台"。

① 戎静.以人为本视域下高校德育评价体系探析[J].安徽工业大学学报(社会科学版),2021,38(3):106-107+110.
② 陆启越.德育评价范式:内涵、类型及演变[J].大学教育科学,2021(1):78-84.
③ 宗晓华,余秀兰,谢鑫.追求有温度的指标:新时代本科教育质量评价的德育之维[J].江苏高教,2021(10):5-11.
④ 高文苗.高校德育高质量发展的意义与方向[J].中国高等教育,2021(23):41-43.
⑤ 王佳琦.高质量发展背景下高校德育的现状及其突破[J].湖北成人教育学院学报,2023,29(4):65-69.
⑥ 朱新江.数字素养视域下高校道德教育的转向、困境及重构研究[J].中国广播电视学刊,2020(9):13-16.
⑦ 张展,周琪超.基于"00后"大学生的德育实效性研究[J].学校党建与思想教育,2021(4):78-80.

（二）关于智育评价方面

智育评价主要指学生的学业评价,作为高校教学的基本要素,在提升教育质量的过程中极为重要,甚至是可以撬动整个高等教育系统的杠杆。学业评价作为在教育领域内备受关注且历经深入探索的议题,其内涵、核心理念及评价功能早已在前辈学者的不懈努力下得到了详尽的剖析与阐释。而今,随着教育评价理论与实践的不断发展,对学业评价的研究视角愈发精细与多维,研究重心已逐渐转向探索影响学业评价成效的复杂因素、面临的现实困境、构建更为科学合理的评价体系以及创新性的评价模型等精细化研究课题。

王慧君等[1]基于"证据"的评价理念,构建了基于"证据"的高校混合学习课程学业评价模型(e-ABC模型),并尝试将此模型运用到教学实践中。唐雯等[2]认为,重构多元化高校学生学业评价体系,应该认识到学术学习成果的"语境性",学业评价的目标应当根据社会对不同专业人才的需求、不同高校的办学理念、不同课程的教学要求、学生不同的专业性质等进行灵活调整,构建"社会需求—人才培养—学业评价"的一体化目标。周继良等[3]对诊断性评价、形成性评价、总结性评价和增值评价四种高校学生学业评价在评价作用、实施形式、实施实践和评价重点四个维度上进行了对比,认为增值评价吸收了另外三种评价方式的长处,不仅关注起点和结果,还强调过程,旨在更全面、更灵活地反映高校学生的学业发展。宋燕[4]基于问卷调查和理论的分析,发现"以学生为中心"的理念并未真正渗透到高校教育教学的各个环节。学业评价游离于教学与学习之外、学生参与度较低、反馈机制不完善甚至缺失,是导致高校学业评价无法发挥预期作用的三个重要原因。俞洋等[5]通过对19所高校进行调研,发现大多数学生对将形成性评价作为学业评价的主要方式是持认同的态度,表示形成

① 王慧君,赵紫薇,李宇婷.基于证据的学业评价:观点、框架与实践路径[J].中国考试,2022(2):64-72.
② 唐雯,晋入勤.多元智能理论视角下高校学生学业评价体系的重构[J].锦州医科大学学报(社会科学版),2023,21(4):75-79.
③ 周继良,吴肖,匡永杨.高校学生学业增值评价:基本属性、现实困境与实践理路[J].现代教育管理,2021(12):9-18.
④ 宋燕.学本评估视角下的高校学业评价学本导向研究[J].文教资料,2023(18):164-170.
⑤ 俞洋,唐卫卫,唐维兵.学生视角下的高校学业形成性评价[J].江苏科技信息,2023,40(34):52-58.

性评价对及时调整学习方法、态度以及激发学习兴趣有一定的帮助,但对形成性评价的认识还比较局限。

(三)关于体育评价方面

高校体育教育是建设健康中国和体育强国的重要环节,也是学生形成体育思想的关键时期。如何激发学生运动兴趣、提高身体素质、掌握运动技能;如何将思政教育融入体育评价,以体育智、以体育心;如何利用大数据手段和智能穿戴设备为高校体育教育赋能是近年来众多学者研究的热门议题。

乔桂芬等[①]认为高校体育评价内容应包括体育基础理论知识、运动技能的学习和身体素质的提升,以及运动兴趣和习惯的培养、体育精神培育、团队凝聚力、运动损伤处理技能和学生体质提升程度等方面。周娴[②]通过专家问卷调查和层次分析法,厘清了影响高校体育评估的关键指标,并计算出指标间的权重系数;通过建立判断矩阵和采纳专家评价,尝试构建高校体育评价体系,以此为高校体育评价提供一定的科学支撑和依据。胡毓霞[③]认为应重视在高校体育教育中的课程思政建设,将爱国主义精神、集体主义精神、吃苦耐劳精神、规则意识、安全意识、责任感等多项与体育教育相关的思政元素融入高校体育教育课程建设。宋亚明等[④]以淮南师范学院为案例,将"体育品德指标"引入学生体育评价,搭建学生体育评价指标框架,体现出高校对弘扬社会主义核心价值观、培养大学生顽强拼搏等意志品质的重视。王锐等[⑤]认为在高校体育评价中可借助可穿戴式人工智能设备客观、及时、准确地评估和反馈高校学生的体质健康水平,重构高校学生体育锻炼评估监管机制和干预手段,提高学生体育参与

---

① 乔桂芬,王莹,陆长青,等.健康中国视域下高校体育育人评价体系改革与研究[J].体育世界,2023(9):22-27.
② 周娴.基于层次分析方法的高等学校体育评价系统的研究[J].文体用品与科技,2023(21):160-162.
③ 胡毓霞.三全育人理念下高校体育课程思政创新模式的构建与实践[J].湖北开放职业学院学报,2023,36(22):10-12.
④ 宋亚明,陶骝翔,陆浩然,等.立德树人引领下淮南师范学院学生体育评价的构思[J].中国多媒体与网络教学学报(上旬刊),2022(8):119-122.
⑤ 王锐,邹雨轩.智能运动手环在高校体育教育中的应用研究[J].文体用品与科技,2023(5):189-192.

的积极性和趣味性,实现大学生锻炼动机的内化。王波[1]认为大数据手段在优化高校体育教学评价方面扮演着举足轻重的角色,可以提高收集、构建和完善高校体育评价指标体系的效率;拓宽高校体育教学评价的可选范围、完善过程性评价方法、改进评价的工具;促进高校体育评价主体的转换,提升体育评价的全面性与科学性;通过落实对评价结果的应用、提高反馈效率、加强保护反馈。

(四)关于美育评价方面

高校美育教育是以培养学生的审美想象力为起点,提升学生对美的感知和创造能力,进一步强化美育对学生成长和人格完善的功能,是"真、善、美"教育理念全面落实的关键环节。但美育因其感性且隐性的特征,很难被定量或定性评价。高校美育评价应涉及哪些方面?如何进行高校美育评价?如何构建新时代高校美育评价体系?应由哪些评价主体参与评价?这些问题引发了教育界的热烈讨论。

武红[2]提出高校对学生美育评价应该包括美育意识与理念、审美能力、美育成果三个方面,以此引导学生培养自我的审美情趣、审美能力和美德人格。宋和发[3]认为高校美育评价应遵循四个原则,即坚持社会主义核心价值观,重视传统文化的传承;以人才培养为目标,从学生社会实践能力、就业质量和创业能力三个方面进行美育质量评价;通过产教融合的方式,以职业需求为导向,重点培养学生的社会实践能力;坚持改革创新,完善美育课程内容建设和体系建构,推进美育教师队伍建设。张俊杰[4]认为高校美育评价体系的建构应当遵循"以美育人"的价值导向,基于真实场景,重视过程跟踪,重视审美素养和能力的培养,通过构建多元化的评价指标,满足不同场景、地域和背景的学生在美育实践活动过程与结果中的价值判断需求,尽可能地兼顾到学生发展过程中的个性化与全面化。

① 王波.依托大数据推进高校体育教学评价改进策略[J].吉林农业科技学院学报,2022,31(3):76-79.
② 武红.应用型本科高校美育工作评价体系研究——以山西工商学院为例[J].华东纸业,2021,51(6):129-131.
③ 宋和发.应用型本科高校美育质量评价机制与实践策略研究[J].华章,2023(3):51-53.
④ 张俊杰,刘芳.新时代高校美育评价体系构建逻辑与实现路径[J].教育教学论坛,2024(13):53-56.

夏燕靖①认为高校美育课程评价体系的建构,需要进行全面的综合评价,包括知识性的试卷测试、学生对艺术作品的感受与反馈、学生对艺术活动的参与度,以及覆盖高校学生各学习阶段的素养与素质方面的多样化指标审核等。刘玤等②认为高校美育教育的评价主体应多元化,各地教育部门应组建美育评价专家组,入驻高校实地考察并予以适当引导;引入第三方评价机构,对政府和高校美育评价的薄弱之处进行客观评价和建议;引导校领导积极参与校内的美育评价工作,及时出台或修订相关文件;坚持对美育教师进行过程性评价的培训;重视辅导员在美育工作中的重要性;适时开展学生自评和互评工作。

(五)关于劳动教育评价方面

劳动教育作为五大基本教育之一,在学生理论联系实际方面具有非常重要的作用,具有树德、增智、强体、育美的综合育人价值。高校劳动教育评价的目标,劳动教育评价在实践中的问题、困境和现状,劳动教育评价指标体系构建等是近些年高校劳动教育评价领域的聚焦问题。

王莹等③认为高校劳动教育以大学生为主体,以立德树人为根本目标,通过劳动的形式实现教育的目的,重点关注大学生对劳动过程的体验和自身的学习成长与感悟。刘俊④分析了新时代大学生劳动教育培养中的问题,认为劳动方式的物质化、差异化、碎片化极大地影响了大学生劳动观的形成。要把握劳动教育的本质,在立德树人的思想指导下培养大学生的劳动观,发挥"以劳教劳"的育人价值,建立健全实施劳动教育的有效机制。李绍军等⑤分析了当前高校教育场域的现状和困境,认为应积极构建学校、社会、家庭和自我教育的"场域共同体",联动多元教育场域,共同重塑大学生劳动教育,协同培养德智体美劳全面发展的新时代大学生。

① 夏燕靖.高校美育课程实施及评价体系问题探讨[J].美育学刊,2024,15(2):1-8.
② 刘玤,谭倩文.网络时代下高校美育评价研究[J].公关世界,2024(2):67-69.
③ 王莹,王涛.大学生劳动教育的路径优化研究[J].中国高教研究,2020(8):67-71.
④ 刘俊.新时代大学生劳动观培育的现实境遇与实践路径[J].江西师范大学学报(哲学社会科学版),2020,53(6):29-35.
⑤ 李绍军,徐玉生.困境与重塑:教育场域视野下大学生劳动教育的路径探析[J].黑龙江高教研究,2021,39(4):31-35.

郭<u>丛</u>赫等[①]认为要加强高校、教师以及学生对劳动教育评价目标的认知，在高校劳动教育全过程中秉持全面性、多元化、劳动价值导向的原则，并在劳动教育课程开发、实施、总结各阶段都紧密结合实际需求。程家福等[②]基于CIPP模型构建了高校劳动教育评价指标体系，包含4个一级指标、10个二级指标与25个三级指标，其中4个一级指标分别是背景评价、投入评价、过程评价、成果评价。史宝玉等[③]基于对12所高校进行的实证研究，提出"双W双H"的劳动教育目标，提倡高校从为什么劳动（Why）、谁从事劳动（Who）、怎样劳动（How）、劳动收获（How much）四个方面对学生的劳动意义、劳动主体意识、劳动技能、劳动回报进行评价。

二、高校学生评价改革的现实问题

从战国至今，我国有记载的学生评价已有2600余年的历史，在这期间，曾有过辉煌与灿烂，成为西方国家学习和借鉴的对象；但也有历史原因所造成的近代学生评价发展相对停滞，从曾经的引领者转变为现在的学习者、追赶者。

改革开放以来，我国高等教育经历了精英化时期、大众化发展阶段，目前进入了普及化阶段。高等教育的不同阶段对高校学生评价提出了不同要求，我国也在发展的历程中积极开展对学生评价的相关探索，并取得了一定的成效。但我们应该看到，教育评价改革是一项系统工程，高校学生评价作为高等教育评价改革的重要组成部分，走得越深越会发现一些问题根深蒂固、盘根错节。以一隅谋一域的改革很难推进，局部的改革即便一时有所成效但也很难持续。多维的难题不能用一维的钥匙被解，系统的问题只能寻求系统的解决途径，只有调动系统性的强大改革推力，才能推动教育改革走深走远。

---

① 郭丛赫，袁洋.高校完善劳动教育课程评价体系的路径探析[J].成才之路，2023（31）：21-24.
② 程家福，李蒙，钱曼丽.高校劳动教育评价指标体系的构建与实施——基于CIPP模型的实证研究[J].沈阳大学学报（社会科学版），2024，26（1）：71-79.
③ 史宝玉，刘景军，张铭奇.高校劳动教育评价体系及目标实现路径[J].黑龙江教育（理论与实践），2023（12）：26-31.

（一）本土化评价理论的缺乏制约高校学生评价指标体系的科学构建

检索分析相关研究文献,不难发现,我国教育评价相较国外起步较晚。较长一段时间,教育评价研究的主要内容是引进和介绍海外教育评价的研究成果。直到目前,依然有大量有关高校学生评价的相关研究依托或借鉴国外学生评价理论,如多元智能理论、建构主义理论、人的全面发展理论等,并以此来指导我国高校学生评价改革。

"评价"一词在《现代汉语词典》(第7版)中的释义第一条为"评定价值高低"。陈玉琨认为评价是一种价值判断活动,是对客体满足主体需要的程度的判断[①]。王景英认为评价是主体按照一定的标准对客体的价值进行判断的过程[②]。由此,我们可以看出,评价的本质是一种价值判断,不同国家之间由于政治体制、经济发展、文化传统等的不同,必然存在不同的价值取向。因此,国外的学生评价理论不一定适合直接用于指导我国高校学生评价指标体系构建。

党的二十大报告指出,到2035年要建成"教育强国、科技强国、人才强国"。"教育强国、科技强国、人才强国"的建设,离不开高等教育培养的德智体美劳全面发展的、在社会主义现代化建设中可堪大用、能担重任的栋梁之才。高校学生评价是人才培养的风向标,本土化高校学生评价理论的缺乏为科学解释高校学生评价的自主发展机制设置了障碍,在一定程度上制约了高校学生评价指标体系的科学构建。高校学生评价指标体系目前仍然面临不少问题,如评价指标偏重智育,德体美劳评价指标体现不足;评价指标维度单一,缺乏对分类、多元评价的体现;评价指标与培养目标不一致,对学生成长的导向性不足等。

---

① 陈玉琨.教育评价学[M].北京:人民教育出版社,1999:7.
② 王景英.教育评价理论与实践[M].长春:东北师范大学出版社,2002:3.

（二）学生在高校学生评价中的主体性缺位影响评价效果

评价必然存在主体和客体，高校学生评价也不例外。泰勒关于学生评价的理论认为学生评价的主体是老师和雇佣者，这一经典论述在目前高校学生评价的各类研究中仍有充分体现。但我们应该看到，除了教师以外，学生评价还涉及政府、社会、高校、学生、家长等多元主体。我国高校学生评价目前总体仍然由教师主导，而作为学生评价多元主体重要组成部分的学生，在评价中更多处于旁观者的角色，处于评价活动的边缘地带，参与感低，缺乏自主权[1]。这与长期以来我们尊崇的"知识是王道，教师是权威"的观念密不可分[2]。

学生在高校学生评价中的主体性缺位，还体现在现有的评价体系也缺乏对学生自我评价和同伴评价的有效引导和支持。学生自我评价是培养自主学习能力的重要手段，而同伴评价则可以促进学生之间的交流和合作。然而，当前的评价体系往往没有充分利用这两种评价方式，导致学生在评价中缺乏主动性和积极性。

高校学生作为教育主体在评价时被边缘化，一方面，学生只有学习的义务，没有通过深度参与评价和借助评价的反馈调整自己学习的权利[3]；另一方面，学生缺乏对评价的充分认知和积极参与，往往把评价结果视为对自己学习的终结性评价，缺少沟通的路径，只是被动接受、缺乏沟通。学生的主体性缺位使学生"评价—反思—学习—（评价）"的循环路径断裂，在一定程度上损害了学生发展的权益，阻碍了以评价促进学生全面发展的实现。

---

① 高玉勤.高等教育高质量发展视域下学生评价的实施路径[J].南方论刊,2023(7):93-94+100.
② 陈学敏.加强大学学习指导 深化高校质量革命[J].中国大学教学,2021(7):80-84.
③ 孟祥旭,李世梅,万华.从"关于学习"到"促进学习":大学生增值评价的内涵、困境与突破[J].上海教育评估研究,2023,12(3):7-12.

（三）高校学生评价实践与理论存在冲突与滞后

美国评价专家古巴和林肯在《第四代评价》一书中将学生评价发展过程分为四个时期，即测量和测验时期、描述时期、判断时期和建构时期[①]。我国虽然尚未完整构建本土化的评价理论，但在教育评价改革的方向和理念上也一直坚持不懈地开展了不少具有创造性和中国特色的有益探索。2020年10月，中共中央、国务院印发了《深化新时代教育评价改革总体方案》，这是新中国成立以来第一个关于教育评价改革的系统性政策文件，其中体现了我国教育评价改革的价值取向和总体要求，对包括高校学生评价在内的我国新时代教育评价改革有重要指导作用。

在当前阶段，人们普遍认为，学生的发展应当成为评价工作的核心准则。高校越来越重视培养学生的核心素养，同时强调过程评价和增值评价的重要性，积极倡导多元评价主体的参与，更全面地评价学生的表现。但高校学生评价的实践与评价理论之间依然存在一定的滞后与冲突。一方面，评价理论革新的实践落地受传统评价实践惯性的制约。人们习惯运用简单化指标、高利害的奖惩问责来开展评价，并且在一定程度上认为这才是更有效率的措施，带有极强的管理主义倾向[②]，这与评价理论中对人的主体性和全面发展的关注存在明显冲突。高校学生评价领域中管理主义的惯性使评价实践与评价理论脱节，评价实践的设计是一个错综复杂的过程，它涵盖了制度保障、机构组织、管理评估、利益权衡等多个层面的机制，但由于旧有机制所长期形成的惯性难以在短时间内消除，导致对评价理论的革新难以迅速跟进，从而无法确保实践设计的与时俱进。另一方面，评价理论革新的落地受评价理论可行性的限制。随着教育评价理论的发展，强调过程性评价和增值评价的趋势已经愈发明显。然而，这两种评价方式并不简单易行，而是涉及大量复杂数据的采集、整理和分析等工作，不仅需要充足的人力、物力和财力的支持，还需要解决一系列实

---

① 潘玉驹,陈文远,何毅.学生评价的理论与实践 基于教学型本科高校的视角[M].北京:中国社会科学出版社,2015:21.

② 辛涛,洪倩,李刚.新时代教育评价体系的价值定位:国际趋势与中国方案[J].国家教育行政学院学报,2024(2):13-21.

际问题,如数据指标的科学合理性、对复杂数据的采集和分析、采集数据的真实有效性等。这些问题增加了过程性评价和增值评价等评价理论在评价实践中深入推广的难度。最后,评价理论革新的实践落地程度受多元评价主体博弈的影响。高校学生评价涉及学生、教师、家长、学校、政府、用人单位等多元主体,不同主体对评价的期盼和要求各不相同,对学生评价的价值取向和评价目的自然就各有侧重。例如,学生一般期望通过评价明晰自身的优势与不足、明确努力方向,从而实现全面发展,因此可能更希望得到过程性评价和发展性评价反馈;而教师一般希望通过教育评价使自身的教学科研能力、人才培养的效果得到认可;学校一般希望通过教育评价体现学校综合实力从而获取更多的资源,因此可能在落实评价理论、构建评价体系的时候会更加注重量化指标等。多元评价主体的不同立场和需求使其对学生评价实践的要求存在差异,但这些差异并非非此即彼、无可调和,它们之间的博弈是一个不断求同存异的过程,博弈的结果直接影响评价理论革新能否科学落地以及能在多大程度上科学落地。

(四)高校学生评价结果的呈现和运用方式不利于学生全面发展

学生评价的本质应当是促进学生全面发展,一方面为学生了解自身德智体美劳综合发展情况提供依据和参考,另一方面为学生改进自身不足、明确个人兴趣和发展路径提供方向。但长期以来,高校教育评价主要侧重学业成绩等量化指标,缺乏质性评价。这种传统观念深入人心,使师生及管理者对评价结果的认知也有一定局限,学业成绩始终是学生评价结果体现的主要内容;同时,德智体美劳在评价结果中的体现在一定程度上存在欠缺,有时过于笼统、流于形式。

目前许多高校评价结果反馈仍为单一的、静态的。学生得到的往往是一个个带有终结性评价意味的数据,如分数、绩点等,仅仅是对学生过往某一阶段的某一方面学习效果或成绩的片面评判,缺少对学生的过程性、发展性等评价与分析，元形成学生个人学习成长全过程动态记录，使学生难以通过反馈结果自主分析学习成长过程中存在的问题并找到未来改进和努力的方向，在很大程度上影响了学生对评价的认知和对待评价结果的情感态度。

当前，高校学生评价结果或直接或间接与学生评优评奖、推免报送等挂钩，评价结果与学生切身利益高度相关，这种过度的利益捆绑使高校学生评价呈现较强的功利性倾向，造成了评价结果的异化。一方面，可能造成学生为了得到更有竞争力的分数或绩点等，刻意回避自身短板，忽视自身能力的全面发展及提升；另一方面，学生可能步入不惜采取各种手段削弱竞争对手竞争力的歧途，从而忽视对自身发展的关注与投入，严重时将影响清正的学术生态。

（五）信息技术对高校学生评价改革的助推作用尚未彰显

随着大数据、人工智能、区块链等新兴技术快速融入教育领域，为推动教育教学评价改革创新提供了条件，有助于开展面向教育教学全过程的纵向评价以及包括德智体美劳全要素在内的横向评价，推动评价方式和评价内容的重构，为教育教学评价改革创新提供可行途径[①]。

我国许多高校对信息技术在学生管理和评价中的运用开展了积极的探索，部分高校已显现出一定成效。如华中师范大学建立了基于大数据和人工智能等技术的一体化混合式教学平台，实现了数字化与教育教学过程的深度融合，全面采集课堂教学和学生学习的行为数据，以支持教学模式改革和学生评价；西安交通大学建成"数据大脑"和"教育教学质量实时监测大数据平台"等项目，前者实现了多个系统数据的共享，后者实时监测教育教学过程中的问题[②]。

但我们也应该看到，信息技术对高校学生评价改革的助推作用尚未

---

① 杨宗凯.利用信息技术促进教育教学评价改革创新[J].人民教育，2020(21):30-32.
② 李文苑，孙雨.教育数字化转型背景下高校学生评价改革研究[J].中国新通信，2023,25(20):92-94.

彰显。一是信息技术在高校学生评价中作用的发挥受实践中评价理念和评价目的的限制。目前的信息技术水平足以支持高校全方位获取评价所需的学生的各类信息数据,理论上可以通过数据分析及时向学生反馈评价情况,促进学生自主反思,适时调整学习规划等。但实际上,大部分高校在使用各类信息数据时,仍侧重学生推优评奖等方面的运用,主要体现在学生评价的激励和甄选功能,学生评价的导向和诊断功能体现不足。二是信息技术在高校学生评价中作用的彰显受高校高水平信息建设非标准化制约。各高校因发展阶段、发展目标、学科特色等的差异,信息系统建设时侧重点不同,必然存在各不相同的自定义指标,或相同的指标下内涵或权重等有所不同,进而造成各高校数据采集标准及评价指标的差异,导致评价结果的应用存在局限,无法根据评价数据揭示我国高校学生的整体发展状况及成长规律。同时,各高校数据采集和信息平台建设标准不同,也极大地制约了信息建设水平高的部分高校的经验推广和普及。三是信息技术在高校学生评价中作用的实现极大地受高校师生信息技术能力及学校信息技术设备的影响。新一代信息技术融入高校学生评价,倒逼评价主体迅速积累、熟悉相关的知识与技能。部分高校师生数据意识不足、缺乏敏锐的数据洞察力,仍以传统的经验与习惯来指导自己的数据管理活动。高校之间也存在信息化建设的参差,有的高校在学生评价中较少运用新一代信息技术,或仍处于技术应用的浅层阶段,仅注重形式上的应用[①],而无法切实推动教师教学改进、学生成长发展。而对于部分经济发展相对落后地区,由于相关设备设施、资源的缺乏以及基础设施建设滞后,新一代信息技术难以在实践中运用或推广,在一定程度上妨碍了最新教育评价理念的实现。

三、高校学生评价改革的发展趋势

学生评价是对教育活动直接受众的评价,是教育评价体系中广受社

[①] 闫志明,朱友良,刘方媛.新一代信息技术支撑的教育评价:价值诉求、现实问题与建设进路[J].现代教育技术,2022,32(11):34-41.

会关注的部分,学生评价改革中的典型做法、所取得的成效等被一定程度上放大为评判教育评价改革是否有效落地的重要内容。新时代学生评价的改革方向和发展程度直接影响着教师评价、学校评价、地方评价的发展走向[①],从一定意义上来讲,学生评价的进展是否顺利关乎整个教育评价改革的成败。

(一)关于学生评价的价值取向:是限定学生的终点还是托举学生的起点

教育评价的概念在20世纪中期就已突破"测量教育目标达成"的单一功能,第三代评价强调教育评价是基于事实判断的价值判断,第四代评价提倡评价价值的多元和评价过程的全面参与。价值观主宰着评价观,教育价值观对学生评价具有统领作用,限定了学生评价标准和原则的确立、评价内容和主体的选择、评价方法和技术的应用,同时也影响着评价模式的形成,可以说教育价值观决定了学生评价的改革方向。

综观教育史,教育价值观主要有三种:一是个人本位论,认为教育的价值在于使人的本性得到完善和发展。二是社会本位论,认为教育的价值在于促进社会的繁荣和进步。三是辩证统一论,认为教育的价值在于追求个人发展与社会进步在现实条件下的最大限度的统一[②]。三种观点虽存在分歧,却一致地肯定了教育对促进个人与社会发展和进步的重要意义。由于评价者所持价值取向不同,学生评价观也大相径庭。选拔性评价观和水平性评价观重在甄别和筛选,发展性评价观和多元化评价观注重促进学生的全面发展和终身发展。相较于前者,发展性和多元化评价观更加尊重并引导个体的差异化发展,关注过程的变化,强调学生本人的主观能动性,主张评价主体多元、内容多元、方法多元,新时代学生评价的价值观正是在此基础上构建的。

新时代学生评价改革要树立科学的成才观,努力培养德智体美劳全

---

① 谢小蓉,张辉蓉.新时代基础教育学生评价的价值取向与发展路径[J].中国教育科学(中英文),2022,5(5):27-35.
② 张文.论发展性教育评价的价值取向及其评价观[J].当代教育论坛,2006(23):22-24.

面发展的社会主义建设者和接班人。高等教育学生评价要进一步强化评价促进学习、改进学习、促进发展的价值取向，要避免简单地以评价学生代替评价教育的做法，教育评价的目的是创造适合学生发展的教育，而非选择适合教育的学生。任何针对学生的教育评价的根本目的，都在于促进学生有意义地学习[①]。评价应帮助学生主导学习，进而激发其学习的主动性和内在学习动机，获得其对评价活动和情境的认同；评价应在真实情境中进行，帮助总结分析教育教学中的经验和不足，进而有针对性地完善、改进教育教学的策略与设计；评价应帮助学生实现全面发展和终身发展，进而成长为完整的人，达成教育的最终目标。

（二）关于学生评价的多元主体：是教师主导的协调过程还是学生本位的多元共治

学生评价的本质在于激发学生内在的成长动力，是一种人本化的社会活动，以促进学生发展为出发点和归宿。构建主义重点强调了主观构建在达到教育目标方面的积极作用，认为学习不是知识由教师向学生的传递，而是学生个体自我知识构建和理解的过程，学生对知识的习得有且只有靠个体建构完成。第四代评价以构建为主要特征，学生在学习方面有自主性，在评价方面也应有自主性，要实现学生自主学习、自主评价和自主发展的统一，使评价成为学生学习的延展部分。新时代教育评价改革主张构建多元参与的评价体系，评价过程强调民主协商、主体参与，认为被评价者是评价的主体亦是评价的参与者。

现在学术界对学生评价多元主体的认识基本达成一致，认为主要由教育教学的直接实施者即教师和家长、教育教学的实施对象即学生、教育教学的同辈伙伴即同学、教育教学的未来服务对象即社会组织等学生评价活动的相关群体组成，但对四类主体在评价实施中的关系、地位和相互作用机制还有诸多不同观点。

---

① 巴里斯，爱丽丝.培养反思力：通过学习档案和真实性评估学会反思[M].袁坤，译.北京：中国轻工业出版社,2001:69.

从发展性原则的长远视角来看,高校学生全面参与评价过程并逐步建构和强化以学生为主体的学生本位评价应为未来高等教育中学生评价的应然走向。其一,高等教育是学校教育促使个体人走向社会人的最后一个环节,它不是基础教育的简单延长,它更加关注学生的辩证思维、逻辑推理、问题解决、实践创新等高阶素质和能力的养成,故以学生为主导的学生评价全过程本身就是符合高等教育属性的一项重要教育教学内容。其二,相较于基础教育,高等教育的实施对象是已经成年的大学生,其生理与智力的发育趋于成熟,个人自我意识的发展达到高级水平,对自身学习活动有高度觉醒状态,具备对自我学习进行主动评价的能力,能根据评价调整状态,具备自主构建认知结构从而实现自我发展、自我完善过程的智力和心理条件。其三,实现学生本位评价就是要将评价的主导权交还给评价对象,这看似减轻了教师和学校的教育教学任务,但实则对参与评价的教师和学校提出了更高的要求,从简单的执行者转变为背后的牵引者,最终完成引导学生逐步实现自我构建并退出学生自我发展过程,这需要教育教学实施者具备更精巧的教学设计和教育引领能力。同时,高度发达的信息技术为各类评价主体能及时表达评价需求和价值诉求、开展协商与合作提供了便利条件,多层次、多内容、多视角的评价共同体的顺畅运行必然需要评价组织具备较高水平的数字素养,高校教师和高等学校无疑是教育领域最适宜的人选。加之,图书馆、实验室、实习基地等相对完备的基础设施条件,高校能提供满足学生本位学习和评价的硬件要求。

当然,学生评价实践必须遵循实事求是、因地制宜、先立后破的原则,要结合自身开展学生本位评价的基础条件和发展阶段,处理好既有评价与多元评价的关系,循序发展,平稳过渡,建议以改革试点为突破,逐步实现全面推广。

（三）关于学生评价的运行机制：是淡化评价的外部刺激还是增强体系的统筹与协同

《深化新时代教育评价改革总体方案》作为中共中央、国务院联合出台的首部教育领域的指导性文件，被赋予牵动整个教育系统迭代升级的使命。评价改革发挥导向作用的关键就在于评价活动自身的高利害属性，这让评价改革具有强大的"反拨作用"。同时，必须承认评价改革也容易强化"应试导向"，造成"形式主义""功利主义"的做法，导致结果偏离改革初衷。但我们不能因评价改革强大的"指挥棒"作用可能造成过度强化而引起"反噬"，就否定评价改革在推动教育体系改革方面的积极能量或用单纯的淡化刺激来避免潜在可能出现的问题。从实践历史来看，课程修订、教材选编、招生选拔，教育的改革从未停歇，但在引导学生全面发展、培养富有时代创新力的社会主义接班人方面，那些着力在各环节单项改革的实际效果不甚令人满意。

教育领域的改革与育人目标间的作用关系并非如"刺激—反应"般简单、直接、清晰。对高校学生评价改革作用机制（见图9-1）进行梳理后发现，影响德智体美劳全面发展的最直接因素主要是以教师、学生、同辈为主体的三"大"培养端，三类主体直接作用于学生的教育教学环节，就是我们通常说的"教"、"学"和"育"，不是"考"，不是"评"，也不是"选"。要让学校教学方式和育人模式发生可持续的正向改变，则离不开"考"和"评"的指向作用以及"选"的传导功能。综上，要实现学生全面发展和个人对社会的价值贡献，既需要教、学、育、考、评、选等全教育过程的多个环节协同运行，也需要适宜改革的人文环境、配套的政策制度、良好的实施效果反馈、有力的技术支撑体系和对等的资源条件支持等多方面外部因素的配合。内部系统之间、外部条件之间、内外部环境的融合，整个教育大体系的协同与配合都需要评价结果的有力运用来加以衔接。

把国家、社会对新时代人才的要求分类纳入学生德智体美劳考试考查内容

考试考查结果在学生评优评先、奖学金评选、优秀推荐、升学审核、就业推荐等方面切实发挥导向应用

教育教学环节正确解读评价改革的政策,培养端做出有利的行为改变

影响因素

- 人文环境
- 配套政策制度
- 实施效果
- 支撑技术体系
- 资源条件支持

教师 → 学生 ← 同辈

学生德智体美劳的全面发展得到强化

人的社会价值 人的终身发展

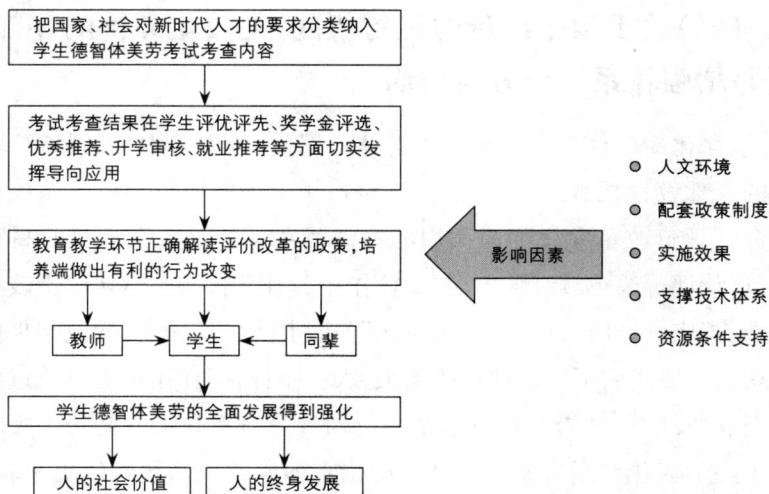

图9-1　高校学生评价改革作用机制图

围绕建设高质量教育体系,以教育评价改革为牵引,统筹推进育人方式、办学模式、管理体制、保障机制的改革[①],在各单项改革的协同发力下继而推动整个教育领域的综合改革。评价结果在评价过程中的应用方式和强度牵动着整个教育领域综合改革的深度、效果,甚至走向,结果运用的作用对象、作用方向、作用力度、作用路径等要素,各要素间的作用机制都必须以评价的价值观为导向精准设计,指向教育评价改革的终极目标,即促进学生的全面发展和社会价值的实现。

(四)关于学生评价的多元内容:是整齐划一的面面俱到还是突出个性的立体画像

学生评价内容选择体现着教育目标倾向。完善综合素质评价体系,促进德智体美劳全面发展,是新时代教育评价改革对学生评价的明确要求。在评价内容的选择方面,新时代学生综合素质评价吸纳了多元智能理论中关于多元智能独立且平等存在又共同发挥作用等核心观点,但在

---

① 教育评价的"破"与"立"来听两会知识界代表委员之声[EB/OL].(2021-03-09)[2024-05-04].http://www.moe.gov.cn/jyb_xwfb/xw_zt/moe_357/jyzt_2020n/2020_zt21/baodao/202103/t20210315_519789.html.

文化性和情境性上区别于西方文化和价值观,是基于中国特色社会主义教育的实践探索。德智体美劳五个方面不但将多元智能理论提出的语言、数理逻辑、音乐、空间、身体动觉、人际交往、内省等七项智能囊括其中,更体现了新时代中国特色社会主义教育的方向指引,从"评什么"回应了"为谁评"。坚持德智体美劳综合素质评价符合教育评价理论规律和中国教育评价的现实规律,是凸显中国特色实践规律的新时代学生评价改革的必然路向。

高校学生综合素质评价实践探索起步较早,在学生奖学金评定、评优评先、选拔推荐等人才培养环节都有运用,但现行的综合素质评价还需要在理念和实践两个层面向着新时代教育评价改革的要求砥砺前行。

一是评价内容的颗粒度还需细化,要看得到区别和差异。现行的综合素质评价基本只对学生进行粗线条的轮廓描述,导致大部分学生评价的画像相似度很高,大体一致的评价结果又会强化学生成长的趋同。新时代学生综合素质评价应加大对学生个体的聚焦,要在每个学生综合素质的基本面上呈现出禀赋有区别、气质有差异的特点,避免评价结果整齐划一,还需提升辨识度,实现评价落到每个学生上,而非某类学生群体上。

二是评价内容的结果呈现,要有助于促进学生的自我成长和发展。现在主流的评价做法是,从内容维度进行赋分后分值直接相加,或是内容维度分值按一定权重标准化后相加,再按综合分数从高到低排列。这类评价结果主要用于奖学金评定和其他竞争性的评比,却丢失了促进学生发展这一重要的创生价值。关注学生成长的过程,肯定个体拥有的多种智能在表现方式和表现程度上的不同,向学生提供关于自我发展和完善的有益反馈,并激发学生多种智能潜能的迸发,应为新时代高校学生评价的重要内容。

三是德智体美劳的全面发展与个性发展之间的关系还需要理顺,即全面发展是指个体层面的全面发展还是集体层面的全面发展[1]。人的智力存在多元,认可人与人在广义智力维度存在差异,对有差异的人开展无

---

① 柯政.学生评价改革的难为、应为、须为[J].教育发展研究,2021,41(18):29-37.

差异的评价显然是存在问题的,故全面发展应为集体层面的全面发展,个体层面则应重点鼓励其在兴趣特长方面发展个性,引导其成为某一方面的专家。个体层面达到点上的高水平,集体层面也就确保了面上的高水平。同时,综合素质评价中"德""美""劳"三个方面涉及思想道德品质和情感态度价值观的内容,尤其是德育方面,承载了新时代社会主义建设者和接班人的理想信念、家国情怀和使命担当,是新时代中国特色社会主义学生评价的刚性要求和底线原则,是每位学生评价中不可或缺的部分。

(五)关于学生评价的方法:是经验主导的综合价值判断还是科学观下的结构化评价体系

按佩莱格里诺等人提出的评价三角理论,任何评价活动都有三个潜在的成分,分别是认知、观察和解释[①]。与学生评价相关的教育理论相当丰富,但对学生评价提供证据支持和结果解释的评价准则、质量定义和评价指标体系等具体的方法还未形成较统一的认识。为确保评价结果的真实可信,在选择评价方式、构建评价体系时,可以通过内容效度和结构效度进行质量控制。换句话说,就是要通过因子分析法、专家判断法、实验推断法等科学的方法构建评价指标体系,将评价指标的内容、权重、对应观察点、赋分标准等标准化、结构化,使其具备可复制、可推广的操作性。评价指标体系的构建要注意以下三个方面:一是学生评价的价值观要贯穿评价始终,从设计到实施的所有评价过程都要坚决以价值观为统领;二是评价观察的内容要紧密围绕国家和社会对人才培养的要求,注重高阶素养和实践技能;三是承载评价观察内容的观测点应是具象的,能够被客观观察和记录才能说明评价的科学性。如知识技能习得的评价内容是一个高度凝练的抽象概念,其对应观测点则应是能反映知识技能习得的具体的事件、表现、作品、记录等能看得见摸得着的客观存在,如形成性测试卷的分数及分析、展示作业质量、成长档案袋及教师记录手册中的相关内容等。

---

① 李超.高校学生评价变革进展述评[J].外国教育研究,2018,45(7):105-117.

与传统的评价指标体系不同,新时代高校学生评价更加关注教育教学过程中学生在德智体美劳等多维度获得的持续发展能力,建立的标准的评价指标体系应是基于模块化的个性组合。对不同类型的学生群体甚至不同特性的学生个体,都应按照其特质的差异构建相应的评价指标体系,允许不同评价维度指标内容和结构的差异化。基于模块化的个性评价和差异评价符合教育的本质和评价的最终目标,兼顾全面发展和鼓励个性,是兼具现实性和创造性的科学评价方法。

(六)关于学生评价的技术手段:是技术手段升级评价还是创建全新的评价生态

随着教育数字化战略行动的全面推动落实,新一代信息技术已成为21世纪教育改革与创新发展强大的技术杠杆和战略制高点,谁掌握了数据谁将掌握发展的主动权,谁利用好数据谁将赢得未来数字竞争新优势[1],充分利用信息化、数字化、智能化技术提高评价的科学性、专业性和客观性也是教育评价改革的重要策略。学生评价要克服片面化、单一化、功利化,走向全面性、过程性、多元性必须依托新一代数字信息智能技术。

教育评价的数字化进程是分步实施的,可分为转换、转型和全面转化三个阶段,转换阶段以技术融入为主,转型阶段实现内生结构的提升,全面转化应为全要素、全业务、全流程、全领域的变革[2]。

新一代信息技术为学生评价提供了全新的技术、手段和方法支撑。过程性评价是在日常教育教学中发生频率最高的评价,常规来讲,评价次数越多、评价内容越多,结果越可靠。传统的过程性评价如表现性评价、档案袋评价、观察评价、交流评价等,涉及大量的数据收集、录入、整理,人工成本太高,再结合中国的人口国情,要在实际的教育教学中铺开根本无法实现,即便是以试卷、测验之类倾向于智力评价的考试,也重在以中高考为代表的结果性评价,学习过程中的形成性评价除运用于少量的试点

① 傅建平.论更好地发挥数据要素作用的十个关系[J].人民周刊,2023(5):65-66.
② 杨宗凯.高等教育数字化转型的路径探析[J].中国高教研究,2023(3):1-4.

招生外,很少被纳入评价体系。这些都是既往学生评价中标准化的量化评价为多,描述性的质性评价少,定性和定量结构失调的客观原因。依托新兴信息技术的学生评价可以及时地、系统地、全方位地收集、处理和分析教育教学全过程生成的数据[①]。海量大数据运算能轻松地记录教育教学中学生状态的起点、关键转折、代表性事件、阶段性进步等内容,这些技术支撑着增值评价的探索,兼顾学生的当前学业水平与未来发展潜力,注重学生进步的幅度,强调学生发展的状态,并通过对投入、产出的分析,有利于教育资源利用效率的最大化,有助于实现教育公平和教育质量的全面提升。人工智能技术能对考试成绩、课堂表现、日常行为、生活经历等表层数据进行分析,解构背后的如思想道德品质、情感态度价值观、优势智力倾向、批判思维与问题解决、实践创新能力等核心人文素养和高阶智能,对打破学生评价的"唯分数""唯成绩"意义重大。

以人工智能为代表的新一代信息技术还将推动教育突破原有的概念与内涵,激发新的学习方式,形成新的学习关系。以往的教育理念与人才培养目标、教育内容与人才培养体系、教育资源与人才培养环境、教育方法与人才培养方式将发生颠覆性的变革,教育的时空场景和供给水平、教育的组织和供给方式将彻底改变,构建出一种新的更为灵活、开放、多元、个性、跨时空、终身的新型教育生态体系[②]。在新一代信息技术促进无边界学习的同时,学生评价也同步无边界化,让学生这一评价主体无时无刻不处于评价活动中心,形成全要素、全过程、全时空互联互通的评价场景,打破学科知识与通识素养、知识技术与创新思维间的界限,消除教育教学过程与学生评价过程之间的藩篱、各评价主体之间的信息壁垒,各评价环节结果相互联动,整个评价系统丝滑运行。上述依托信息技术激发的学生评价改革走向,仅为我们基于现有基础对教育评价改革转换和转型阶段展开了预想,发生在全面转变阶段的改变很大程度上将超出我们的想象,是一种超越我们既有认知的颠覆性行动,是一场我们无法想象的全面变革。

---

① 龙海涛.人工智能时代教育评价改革:契机、挑战与路径选择[J].中国考试,2021(11):10-18+34.
② 龙海涛.人工智能时代教育评价改革:契机、挑战与路径选择[J].中国考试,2021(11):10-18+34.

　　与此同时,我们也应坚信,信息技术只是手段,机器无法替代人类思维和学习,教育传承和发扬文化、创造新知、促进人的全面发展以及推动社会进步的本质不会改变。信息技术对教育领域的冲击更多的是对教育发展的促进和赋能,打破既有边界,重塑结构框架,重构组织功能,归根到底都是对教育外在的"形"的改变,中国教育的"神"一直都是"立德树人"。

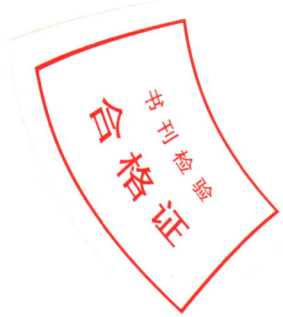